U0932840

WHAT SHALL
WE DO NOW

跟孩子一起玩吧

家庭教育中的游戏经典

〔美〕多罗西·坎菲尔·费雪／著　　洪　友／译

天津出版传媒集团
天津人民出版社

图书在版编目（CIP）数据

跟孩子一起玩吧！：家庭教育中的游戏经典/(美）费雪著；洪友译．—天津：天津人民出版社，2014.2

ISBN 978-7-201-08573-9

Ⅰ.①跟… Ⅱ.①费… ②洪… Ⅲ.①游戏－儿童读物 Ⅳ.①G898-49

中国版本图书馆CIP数据核字（2014）第003074号

天津出版传媒集团

天津人民出版社出版、发行

出版人：黄沛

（天津市西康路35号 邮政编码：300051）

网址：http://www.tjrmcbs.com

电子邮箱：tjrmcbs@126.com

北京金秋豪印刷有限公司

2014年2月第1版 2014年2月第1次印刷

710×1000毫米 16开本 14印张 字数：260千字

定 价：29.50元

目录

我们的教育目标总的说来包括两个方面：生物学方面和社会学方面。从生物学方面来讲，我们希望能够帮助个体在自然方面进行有效的发展；从社会学观点来看，我们的目标在于使个体适应周围的环境。

感觉的练习中包含着一种自我教育。如果练习重复多次，这种自我教育就会使孩子的心理感觉过程更加完善。在孩子从感觉转移到观念的过程中，也就是从具体到抽象，再到观念的联想，教师必须参与其中。

如果一个人考虑到人类语言的魅力，他就一定会承认没有掌握正确口语的人是低等的。如果没有专门去完善口头语言，那么一种美学概念上的教育就是不可想象的。

个体差异是每个孩子个性特点的体现。有的孩子无动于衷，表面上显露出勇敢，为的是隐藏失望之情；有的孩子则通过一些下意识的动作将这种失望流露出来。其他孩子则掩饰不住喜悦之情，因为他们发现自己处于一个独特的位置，这让他的同伴们非常好奇。

当我们看到孩子们根据深藏的规则发展自己的精神和人性时，我们都非常高兴。只有那些经历过的人才有资格体会到收获的快乐。

真正纪律的第一线光明来自于工作。在某一特定时刻，恰巧孩子正对一件工作非常投入，这可以从他的面部表情尧注意力和对同样练习的坚持当中体现出来。这样孩子就迈出了指向纪律的第一步。

我们的孩子与那些在灰墙当中普通学校成长的孩子有着显著不同。他们有着清纯和幸福，直率和开放的性格，他们感觉是自己行为的主人。

人与人之间的爱是一件极其亲切的事情。她是如此纯朴，简直无时不有；无处不在。所有的人都拥有这种爱，爱并不是只有受过教育的知识阶层才具有的一种特权。

正常人的心灵会由于心情舒畅而变得完美，惩罚通常被认为是一种束缚人的形式。惩罚或许会使那些在邪恶环境中长大的人的性格变得更加低劣，但是这种情况只是极少数，社会不会受其影响而停止其前进的脚步。

"儿童之家"具有双重的重要性。一方面，由于它采取在住宅中建立学校这种独特的办学方式，所以它具有社会重要性；另一方面，它在对幼儿进行教育时所采用的教育方法，又使它具有教育的重要性。

没有独立就没有自由，因此，我们必须指导孩子的个性得到自由、积极的表现，使之通过自己的活动达到独立。小孩子从断奶起，就开始努力走上这条独立的道路。

聚会中可玩的游戏

为了建立一种自然而合理的教育方法，必须把人作为个体进行大量精确而合理的观察，重点是观察一个人幼年时期的情况，因为这段时期是奠定一个人教育和文化基础的年龄。

——玛利亚·蒙台梭利

捉迷藏

“捉迷藏”是一个最好玩、最古老又最简单的游戏。让一个玩游戏的人蒙上双眼，让他原地转两三圈，使他搞不清自己在屋子里的方位，然后叫他去抓其他游戏者。如果他抓住了某人，却说不出对方的姓名，那他就必须继续当“瞎子”；但是，如果他知道自己抓住的是谁，对方就要将眼睛蒙起来当“瞎子”。如果屋子里有壁炉，或者家具有尖角，那么最好让参与者中的某一个不玩游戏，而负责保护“瞎子”不受伤害。有时候，让两个游戏者当“瞎子”会更有意思，因为他们偶尔会抓住对方；但是这样做相当危险。还有一种游戏叫“酒鬼抓铃铛”，在这个游戏中，除了一个游戏者拿个铃铛之外，所有人都当“瞎子”，他们的目标都是抓这个拿铃铛的人。不过，这种游戏危险性更大。

“捉迷藏”的一个不错的变通游戏是不出声的。先将“瞎子”的眼直接蒙起来，在他开始“抓”人之前，所有其他游戏者都在墙脚处、椅子上或者他们认为最保险的其他地方占据有利位置，但是待在那里必须不出声。“瞎子”的任务并不是抓住他们，而是想办法找到他们，然后确定自己找到的人是谁。由于和触觉相比，“嗤嗤”或“哈哈”的笑声更容易让“瞎子”辨别出对方，因此，忍住不要发出任何声响是至关重要的。有时候玩这种游戏时，“瞎子”可以拿两根球棒（其他人不能坐在椅子上），用以感知自己撞上的人有哪些特征。这样玩的时候，要想不笑实际上是不可能的。因球棒顶端的球状物而产生的感觉会在触棒者的脸上表现出来。

法国的“捉迷藏”游戏

在法国的“捉迷藏”游戏中，“瞎子”的双手都要被绑在背后，但眼睛不被蒙住。他在抓其他人之前，必须先背对着他们，这样他抓人的难度就增加了。

持棒“捉迷藏”

在这个游戏中，“瞎子”拿一根棍子，棍子的另一端由其他游戏者轮流抓着。“瞎子”向每个游戏者提三个问题，然后根据回答者的声音来辨认对方是谁。因此，持棒者的目的就是尽可能地伪装自己的声音。有时候，“瞎子”不只是提问，还要叫持棒者模仿各种动物的叫声，比如学公鸡叫或者驴叫。

量步伐

当“瞎子”的游戏者先站在场地中央，其他游戏者从各个不同的方向向他走来，并认真测量走到他跟前需要多少步（可分为长步或短步）。接着，其他游戏者告诉“瞎子”走多少步就可以使他走到某个游戏者跟前，但行走的方向和步伐的长度需要“瞎子”自己来猜测。如果“瞎子”果真找到了对方，那么后者就要接替当“瞎子”。

站住！别动！

蒙眼的游戏者站在场地中央，所有其他游戏者都来触摸他。当“瞎子”以最快的速度大声喊出1至10的数字时，其他游戏者要尽快从他身边闪开。当“瞎子”喊到10的时候，会大喊：“站住！别动！”此时，所有游戏者都必须站在原地纹丝不动。随后，“瞎子”说：“你们往前走三步。”（或者其他几步，根据“瞎子”的想法来确定）。游戏者走上三步，直到“瞎子”已经危险地靠近他们，并想方设法利用与他们面对面的优势，确保他们不从眼皮底下逃走。只要游戏者遵守规则站在原地，“瞎子”就可能会逮到他们。当某个游戏者被“瞎子”抓住并辨认出来，那么此人接下来就要被蒙上眼睛充当“瞎子”。

看影辨人

在屋子里铺开一张床单。一名游戏者站在床单一侧，其他人始终站在另一侧。在离床单一定距离处放一支蜡烛，其他游戏者逐一从床单和蜡烛之间走过，他们的影子会投射在床单上。第一位游戏者的任务就是准确地说出床单上的影子是谁的影子，而其他游戏者的目标则是通过做出各种滑稽的动作，增加前者识别的难度。如果一时找不到那么大的床单，担任识别方的游戏者也可以坐在一块草垫上，背对其他游戏者，当对方从草垫和蜡烛之间依次走过时，由他来辨别他们的身影。

驴尾巴

从一张褐色纸上剪出一个较大的驴的形状，固定在悬挂于房间中间的一张屏幕或床单上。提前将驴尾巴单独剪出来，并在尾巴最靠近驴身体的一端穿上一根帽针。接着，每位游戏者轮流通过帽针拿着尾巴，闭紧双眼，朝着悬挂驴像的方向走去，然后把驴尾巴钉在他认为正确的地方。这个游戏的搞笑程度取决于他所犯的错误有多么严重。

“瞎子”喂“瞎子”

这个游戏可能有些乱，还可能会弄得很脏，但却有许多拥趸。两位游戏者都蒙上眼睛，面对面坐在地板上。给他们每个人一勺糖或面食，叫他们喂给对方吃。最好在地上铺一张床单，并在游戏者的脖子上围一条毛巾或让他穿上围裙。被逗乐的主要是观众。

狩鹿

这个游戏只有两个人参加，但看的人却可能很兴奋。“鹿”和“狩鹿人”都要蒙上眼睛，然后面对面坐在一张大桌子的两边。旁观者一声令下，他们便开始围着桌子转。不用说，“狩鹿人”的任务就是抓住“鹿”，而“鹿”则设法不被抓住；但是，两个人都不能离开桌子，跑到桌子以外的其他地方。观众和游戏者都必须保持绝对安静，如果“鹿”和“狩鹿人”都穿上软底的拖鞋，那效果就更好了。

吹蜡烛

这是一个非常有意思的蒙眼游戏。点燃一支蜡烛，放在大约人头的高度上。让一个游戏者站在离它几英尺远的地方，面向蜡烛，然后蒙上他的眼睛，让他在原地转三圈，再叫他走若干步（多少步都可以）去吹灭蜡烛。

咬苹果

另一个值得一看而又好笑的蒙眼游戏是咬苹果。用线将一个苹果挂在屋子中间的某个位置上，高度与蒙眼者的脑袋的高度差不多。将“瞎子”的双手捆住，或者让他严格地放在背后，然后让他去咬苹果。

玩同样的游戏也可以不蒙眼，但是要求有两个游戏者参加。两个人都要将手背到身后，然后同时想办法咬到苹果。

袋子与棍子

适用于圣诞节派对的一个不错的蒙眼游戏是“袋子与棍子”。将一个大纸袋装满糖果，用线挂在屋子中间。之后，让一名游戏者蒙上双眼，原地转三圈，给他一根棍子，告诉他朝着袋子敲一下（或者两下、三下）。如果他没有击中，就换另一个人尝试，轮流参加；如果他将袋子打破了，糖果就会撒落满地，参加派对的人便可一拥而上抢糖果了。

墙角的小猫咪

除一个人之外，所有游戏者都占据屋子的一个角落，扮演“小猫咪”的游戏者则站在屋子中间。游戏开始，由一个角落的游戏者呼唤另一个角落的游戏者调换位置。他们的目标是赶在“小猫咪”作出反应之前安全地互换位置，而“小猫咪”的任务则是找到一个保护不力的角落。如果他做到了这一点，那么刚刚离开该角落的游戏者或者希望进入但还未进入这一角落的游戏者就要来当“小猫咪”。“小猫咪”能否成功，往往取决于换位者在调换过程中会不会“撞车”。

找拖鞋

游戏者围成一圈坐在地上，双膝稍微蜷缩。一名游戏者脚穿拖鞋站在屋子中央。游戏开始后，由此人将一只拖鞋递给圈里的一名游戏者，一边说着：

鞋匠，鞋匠，修我的鞋，

请在两点半把它修好。

然后他再回到原来的位置待一会儿。接到拖鞋的那名游戏者马上将拖鞋往下传，使鞋的主人再回来索取他的物品时，已经找不到拖鞋了。随着找鞋过程的进行，笑料也出现了。圈中的每名游戏者的目的，都是使屋子中央的游戏者看不到、得不到自己的拖鞋，或者不知道它在什么地方，因为拖鞋一直在圈中游戏者的膝盖底下被迅速地传来传去。有时候，如果找鞋人晕头转向、不知所措，拖鞋可能便会被其他游戏者隔着圈子抛来抛去。这时候，拖鞋的主人只好请圈中的另一个人来到屋子中央，以调换自己的位置。除拖鞋之外，也可以使用其他物品充当，但应当选择尺寸较大的物品，否则找起来用的时间就会太长；此外，选择的物品应质地柔软，以免伤人。

口哨

该游戏在一定程度上是个技巧练习。一名不了解游戏规则的游戏者被置于圆形人群的中央，围成圈的游戏者将一个口哨像“找拖鞋”游戏中的拖鞋那样藏来藏去。中央游戏者的任务就是找出那个最后吹口哨的人是谁。与此同时，某个游戏者将另一个口哨熟练地用一根细线系在中央游戏者的背后，而他们吹响的其实正是这个口哨。口哨吹响的时候，吹口哨必须始终位于此人的背后，这样一来，除非吹哨者猛拽系着口哨的细线，否则难以为找口哨的人提供帮助（这也需要技巧）。如果圈子很小，每个人都在移动和大笑，那么找哨人想要注意到身后的拉扯动作也是需要一些时间的。

别人不行你也不行

该游戏在一定程度上是个蒙人的游戏。带头的游戏者左手拿一根树杈，在地上重重地磕几下，然后递给某个游戏者，嘴里说："别人不行你也不行。"这名游戏者试图准确地模仿他的动作，但却错误地将树杈拿在了右手，于是带头的游戏者就说："别人不行，你也不行。"然后再将树杈交给下一个游戏者。游戏一直进行，最后每个人都终于知道：自己应该模仿的其实不是敲击地面的动作，而是将树杈握在左手上。

找顶针

这是个很不错的游戏。除一人之外，所有游戏者都离开屋子。留下的人将一枚顶针放于某个虽然在目力所及范围之内但却很难被发现的位置，其具体位置可高可低，可以在地上，也可以在壁炉架上，但必须眼睛能看得到。之后，屋外的游戏者全部进到室内，开始寻找这枚顶针。找到的游戏者要坐下来，但好笑之处在于他们要非常巧妙地坐下，不要一发现就立即喜形于色，以防止为其他人确定物品的大概位置提供线索。当每个人都发现了物品所在的位置，或者很长时间过去了还有人没有找到，那么就要将顶针再次藏起来，这一次由那个最先发现它的游戏者来藏。该游戏听起来简单，但实际上很难，也很让人兴奋。每个人一开始都希望能成为第一个找到物品的人，但最后又希望自己不会成为最后一个。寻找者经常会就站在顶针面前，甚至已经在直勾勾地盯着它了，却仍然没有发现。

神奇的音乐

一位游戏者先出去，其他人随后要将某种东西藏起来让他找。喊他进来之后，某位游戏者便坐在钢琴前面，用音乐的声调来引导他的动作。比如，当他离被隐藏的物体很远时，音乐声就弹得低沉些，而当他离物体越来越近时，音乐声就越来越响亮。

冷与热

同样的游戏还可按照"冷与热"的名称来进行。在这个游戏中，要用"冷""热"等词语来引导寻找人的动作：当他离物体越来越近时，他会变“暖和”“热”“很热”，而当他离物体所在位置越来越远时，他就会变“冷”。

快乐的磨坊主

担任“捉人者”的游戏者可由计数方法来确定人选，一旦选定，他便站在屋子中间。其他人则两个人一对，手挽手地围着他唱歌：

曾经有个快乐的磨坊主一个人生活。当磨盘转动时，他在生产着自己的财富。他的一只手放在送料斗上，另一只手置于面粉袋处。当磨盘转动时，他猛地伸手一抓。

他“抓”的时候，每个人都必须交换伙伴，而中间的“磨坊主”则试图以最快的速度抢一个伙伴。如果他抢到了伙伴，那么那个没有了伙伴的人就要取代他站到中央，担任“快乐的磨坊主”。

天堂之路

某个游戏者坐在钢琴前面，在屋子中央放一长排椅子，同向或反向地交替放置。椅子的数量要比其他游戏者的数量少一把。所有人都准备就绪之后，音乐响起，屋子中央的游戏者排成长队围着椅子前进。当音乐声戛然而止时，每个人都要想办法找把椅子坐下。由于椅子的数量比人要少，所以必然有一个人没有椅子可坐。于是此人要退出游戏，椅子也拿走一把，音乐声再次响起。如此进行下去，每一轮游戏都有一个人和一把椅子离开。当只剩下一把椅子的时候，仍然剩下的那个人就是游戏的胜者。如果有人移动椅子，则视为犯规。需要指出的是，钢琴并非必不可少。任何形式的音乐声都可以，如果现场没有乐器，也可以让某个人站在一旁歌唱或者大声朗读。不过钢琴伴奏的效果最佳，而演奏者也要不时地装作要停下来，因为这样做会让台下的游戏者更加提心吊胆。

搅面糊

该游戏是“天堂之路”的变体。将椅子背靠墙壁放成一排，数量仍然比游戏者人数少一把。其中一名游戏者坐在屋子中央，手里拿一根棍子，装作用棍子搅拌一碗面糊。此时其他人列队前进，嘴里喊道："搅面糊，搅面糊。"拿棍子的游戏者突然用棍子在地上敲三下，作为抢椅子的信号，然后自己也爬起来去抢椅子。没有抢到椅子的人便是下一个搅面糊的人。

履带传送车

将椅子放成一圈，除一人之外，所有游戏者都坐在椅子上。没有坐下的人站在屋子中间，他的椅子空在那里。游戏开始后，他要想方设法坐到空椅子上，而其他人则通过不停地以某种方式移动来阻止他坐到椅子上。由于他们的努力，空着的椅子可能这会儿在圆圈的某一侧，下一刻则空在了另一侧。

蜜罐

这个游戏的玩家由几个体形较小的孩子和两个比较强壮的孩子组成。小孩子充当"蜜罐"，而两个大孩子分别担任卖蜜人和买蜜人。"蜜罐"成一排坐着，把膝盖蜷起来，双手在膝盖下面十指紧扣。买蜜人跑过来看看他们，并且问卖蜜人他们值多少钱、有多重。之后，这两个大孩子用胳膊把"蜜罐"架起来，一人一边，并通过上下摇晃来称他们的重量（这也就是为什么"蜜罐"的双手要放在膝盖下面并且十指紧扣的原因）。之后，买蜜人说他要买这些蜂蜜，于是卖蜜人就和他将这些蜂蜜全部搬到屋子的另一端去。到了那儿之后，卖蜜人往回返时会异常地匆忙而且焦虑不安，因为他自家的小女孩（或小男孩）丢了，而他认为孩子肯定装在某个"蜜罐"里。买蜜人向他保证说，这种事肯定不可能发生，并且叫他尝尝蜂蜜的味道，亲自看看罐里是否只有蜂蜜。于是卖蜜人一个接一个地查看"蜜罐"，把手放到小孩子的头上装做品尝蜂蜜，直到最后他来到自己记住的那个孩子身边时，他便大喊："天哪，这罐蜂蜜的味道就像我家的小姑娘（小男孩）。"听着这些话，受到质疑的那个小姑娘（或小男孩）便跳起来溜之大吉，而所有其他"蜜罐"也都跑掉了。

五月的坚果

游戏者手拉手、面对面地站成两排。在他们之间的地毯上（或地上）画一条线。一排游戏者随后向另一排走去，嘴里唱着：

我们一起出来找五月的坚果，五月的坚果，五月的坚果；我们一起出来找五月的坚果，在一个寒冷结霜的早晨。

随后他们开始后退，另一排又向他们走去，嘴里唱着回应：

请问，你们寻找五月的坚果，五月的坚果，五月的坚果，为了谁？请问，在寒冷结霜的早晨，你们找五月的坚果为了谁？

第一排游戏者在选定了对面人群中的某个具体对象之后，便接着唱歌回应：

我们寻找五月的坚果，五月的坚果，五月的坚果，为了菲利斯；在寒冷结霜的早晨，我们寻找五月的坚果为了菲利斯。

另一排接着问：

请问，你派谁把她接走，派谁把她接走，派谁把她接走？请问，在寒冷结霜的早晨，你准备派谁把她接走？

回答可能是：

我们派亚瑟把她接走，把她接走，把她接走；在寒冷结霜的早晨，我们派亚瑟把她接走。

于是，一侧的亚瑟便走出队列，来到另一侧，菲利斯也是如此。而两边的游戏者都要尽力把他们往自己这边拉。如果没有拉到，那么此人就加入对面的队伍，而歌唱声再次响起。

老兵

除一个人之外，所有人站成一列。剩下的人便是“老兵”，他要踉踉跄跄地走向队伍最后一个人，说道：

我是来自波特尼湾的一名老兵。请问，你打算今天给他什么呢？

对方随后应该说，她打算给他什么什么，但是说这些话的时候，不能使用“是”“不是”“黑”“白”或“鲜红”等词。“老兵”的目的就是想办法哄骗她说出这些词中的某一个，为了实现这个目的，他可以问她某个问题。如果对方犯了错，通常意味着她要受罚。

我家小姐的衣服

女孩们玩的一个禁止颜色的游戏是“我家小姐的衣服”，或叫“给小姐选衣”。游戏者先要确定哪些颜色被禁止，可能是蓝色、黑色和粉色。于是第一个人问第二个：“今天的舞会我家小姐应该穿什么衣服？”回答中不允许包含被禁止的那些颜色。这个问题可以对着一圈人提问，而已说过的同一物品不允许被回答两次。

我在这里烧烤

一名游戏者站在中央，其他人手拉手围着她，其目的是阻止她出到圈外。之后，她会在圈子里转来转去，一边摸着其他游戏者的手。摸第一双手时，她说“我在这里烧烤”，下一个她说“我在这里调饮料”，轮到第三双手时她说“我在这里做婚宴蛋糕”，再下一个人时说“我在这里想办法冲出去”。说这最后一句话的时候，她会猛地往外冲，以兑现自己刚才威胁的话。如果她取得成功，松开手的那名游戏者便要取代她站到中央；如果没有成功，她就必须继续坚持下去，直到圆圈被冲破。

鞋匠

“鞋匠”坐在屋子中间的一条凳子或一张垫子上，其他人手拉手围着他跳舞。“喂，客人，”“鞋匠”说，“让我来补补你的鞋吧。”他一边说着，一边猛地去抓某人的双脚（但不能离开座位）。其他人的目的是避免被他抓住；只要被抓，就要变成“鞋匠”。

沙发垫

过去某个时期，对坚硬的圆柱形马毛沙发垫的使用远比现在普遍，该游戏因此而得名。将一个这样的垫子放在屋子中央，游戏者手拉手围着它跳舞。每个人的任务都是使自己的某个“邻居”把垫子打翻，但又要避免自己把它打翻。只要将垫子打倒，此人就要离开圈子，直到最后只剩下两个人相互较劲。在经过大人的同意后，炉刷也是垫子不错的替代品。炉刷的使用使游戏的难度有所增加，因为碰到它会让人十分敏感。

日常购物

游戏者坐成一圈。游戏开始后，一个游戏者对身边的下一个人说："我刚去购物回来。"对方答道："哦，你都买什么了？"于是第一个说话的人说出几种商品的名称，并且在不离开座位的前提下，触摸一些东西，如一双靴子、一条领带、一根表链、一个手镯等等。完成之后，第二个游戏者便充当起购物者的角色，依次类推。不过，任何商品都不能被说到两次，这意味着游戏完成一轮或两轮之后，想找到合适的答案会越来越难了。

鼓掌进，鼓掌出

一半游戏者在屋外，另一半游戏者待在屋里，将椅子排成一列，使每个人身边都有一把椅子空着。之后，每个人都要选择室外的某一个人将来坐在靠近自己的那把椅子上。完毕之后，出去一个人告诉外面的游戏者，说游戏可以开始了。然后外面的某个游戏者走进来，选择他认为最有可能属于自己的那把椅子坐下。如果他选对了，所有人都会鼓掌，他也可以继续坐在那里；但如果他没有选对，每个人都会对他报以嘘声，他必须再次出去。之后，再进来另一个游戏者，依此类推，直到所有椅子都被坐满。

邻居

对上面的游戏加以拓展，就成了"邻居"游戏。在"邻居"游戏中，一半游戏者要被蒙上眼睛后坐下，每人的右手一侧留一把空椅子。发出规定的信号后，所有其他游戏者纷纷占据这些空椅子（但不能张扬，而要神秘兮兮），并且开始唱歌。唱歌时，可以和着钢琴的伴奏齐唱，也可以各唱各的。"瞎子"的任务就是靠耳力来辨别坐在自己右侧的人是谁。猜对了的人眼睛上的布将被解开，由被猜中者转而接替他们的位置。其他没有猜对的人则继续蒙着眼睛，直到猜对为止。每位蒙眼者只能猜一次。

橙子和柠檬，否则伦敦大桥要倒塌

这是一个古老的游戏，由两个大孩子或身材较高的游戏者充当"橙子"和"柠檬"。他们面对面站着，双手握在一起并高举，从而构成一个拱桥的形状，以便其他人列着长队从“桥”下通过。队伍开始行进，每个人都拽着前面一个人的衣服。随着队伍的前进，构成“拱桥”的两名游戏者重复背诵或吟唱下面的内容：

“橙子和柠檬。”圣克莱门特说。“你欠我五枚铜币。”圣马丁说。“你什么时候还给我？”老贝利说。“等我有钱了再说吧。”舍尔迪奇说。“那是什么时候？”斯蒂皮尼说。“我也不知道。”鲍说。现在有一支蜡烛照着你上床睡觉，现在有一把大砍刀将砍下最后一个人的脑袋。

说着这最后一句话，搭建“拱桥”的游戏者胳膊向下压，套住队伍中最后一个人的脑袋。为了使队伍“尾巴”的到来能和最后一句话同步，最后这一句的声音可以拉长，比如：

现在有一把大砍刀将砍下最后——最后——最后——最后一个人的脑袋。

还有一个用词少一些的版本可以这样哼唱：

伦敦大桥正在倒塌，正在倒塌，正在倒塌，伦敦大桥正在倒塌。我的仙女。

这样唱的时候，用胳膊搭建“拱桥”的游戏者可以选择他们喜欢的某种食物，如“冰淇淋”和“牡蛎”。之后，他们要问被抓住的游戏者喜欢哪一种食物，回答之后，就让他们站在代表他们所选食物的人后面。之后，再小声地问被抓住的人是想成为“橙子”呢，还是“柠檬”。如果他说是“橙子”，那么就相应地站到已经说自己喜欢柠檬的那个人一侧。之后队列继续行进，吟唱再次开始，直到所有人都被抓住，并相应地排列在“建桥”者两侧为止。然后将一方手帕放在“橙子”和“柠檬”两方“队长”之间的地上，双方像拔河那样都往自己这边拽手帕，直到某一方拉到为止。

邮件投递

游戏者围在屋子里坐成一大圈，并在指定某一个负责写姓名和呼叫地址交换的“邮递员”之后，各选择一个“城镇”。随后，让一名游戏者蒙上双眼，站在圆圈中间，充当“邮递员”。游戏开始后，“邮递员”先呼叫第一趟投递，比如“邮件从普特尼投往香港”。选择普特尼和选择香港作为地址的两个人必须随之交换位置，但在此过程中不能被蒙眼者抓住，或者不让蒙眼者先坐到他们两个人当中某个人的椅子上。如果交换位置的人中有一个被"邮递员"抓住了，他就要在下一轮充当"邮递员"。有时候，"邮递员"会喊道"邮件全部投递"，如果是这样，所有游戏者都要同时交换座位，而这样做会给"邮递员"提供绝佳的机会。

转盘子

拿一个小碟子充当转盘，放到屋子的中央。游戏者围着它坐成一大圈，并且每个人都挑选某个大家都知道的数字，或者说一个城镇的名字。游戏开始后，一名游戏者拿起转盘，用力旋转一次，并喊着另一名游戏者说过的数字或城镇名称，接着赶紧回到自己原有的位置。被喊到的数字或城镇名称相应的游戏者必须一跃而起，在转盘尚未倒下之前便来到它面前，再加转一次，并喊下一个数字或城镇名称。之后游戏依此进行。在纸上写写似乎非常简单，但是实际上，玩这个游戏有一定难度，因为你要清楚地知道哪些名字已经被叫过了。

厨具

这是"转盘子"游戏的一个变体。游戏者围成一圈坐下，并各自挑选某件厨具或厨房用品的名称，比如绞肉机或葡萄干。之后，一名游戏者拿着一块揉成一团的毛巾来到中央，并将它抛给某个人，同时说出这个人指定的厨具名称，并在圈中某人说出该名称之前重复三次。如果毛巾抛去的方向所在的游戏者不知所措（这种情况经常发生），以至于一时语塞或者等想起时为时已晚，那么他就必须接替前者的位置来到中间。

抬手找硬币

游戏者坐在一张桌子的两侧，或者面对面坐在两排椅子上，并且在大腿上铺上一块布。拿来一枚一角硬币或其他小物件，将其在某一侧游戏者的手之间传递，但要在桌子或者布的下面进行。当对面一侧的人喊一声"抬手"的时候，前者一侧所有紧攥的手都必须拿出来，放在桌上或布匹上能看见的地方。另一侧的第一位游戏者随后要认真地查看对面的人脸上有什么表情，看看谁的表情像是表明他握有硬币，一旦确定之后，他便离开座位走到对面，摸一摸他认为握有硬币的人的手，并且说："把它打开看看。"于是对方的手摊开了。如果他猜得对，那么就将硬币拿到自己这一边来隐藏。如果猜错了，仍然由对方一侧藏硬币，然后由猜测方的第二名游戏者碰碰运气，看能否发现硬币的准确位置。每一轮游戏开始前都要确定计分方法，猜错次数最少的一侧为获胜方。

"抬手找硬币"的另一种玩法是将游戏者平均分成两部分，围着桌子面对面坐下。某一侧或某一组将硬币在桌子下面传递。另一侧的队长（人选要事先确定）发出"抬手"的命令后，拥有硬币一方的所有人都必须抬起双手，置于桌布以上部位；队长再下达"放手"口令，所有手都要在桌布上平摊开来。拳头敲击桌布的声音越大，辨别出有金属撞击桌布的声音的可能性就越小。随后，队长命令对方的游戏者逐一举手，其目的是将硬币留在最后一只手上。如果真是这样，队长所在的一组就拿来硬币；如果没有达成目的，另一方就统计出仍然留在桌面上的手的数量，然后再将硬币藏起来。此时，猜测方再指定一人任队长。如果通过目视或者听声音，"锁定"了硬币的位置，而且硬币并不在最后一只手上，那么对方仍然留有硬币，再将举起的手的数量乘以二计入分数。倘若除了队长之外，有人在举手的过程中故意将手放低或移动，那么举手一方不论是谁拿了硬币，都要将硬币交出来，但是双方都不计分。

女王安妮

在这个通常由女孩子玩的游戏中，一名游戏者遮住双眼，而其他人坐成一排，将一个小球传来传去，直到它最后落到某个人的手里。之后，她们都将手握起来放在大腿上，似乎每个人都握有一个小球的样子。这时，告诉圈中的那个女孩睁开双眼，她的任务是找出小球到底藏在谁的手中。她会逐一审视圈中游戏者的面部表情，直到确定某个人可能拿了小球，然后对着她说上一段话：

女王安妮，坐在太阳底下；美得像一朵百合花，晒得像一只小松鼠。她送给你三封信，请你读读其中一封。

对应的游戏者回答道：

我不会只读一封信，除非我全部都读完。

找球的女孩答道：

那么我求你，某某小姐（对方的名字），将小球交出来吧。

如果小球真的在此人手中，找球的女孩便和她互换位置，但如果不是这样，找球的女孩就要再次蒙上双眼，小球再次易手（或者不换人）。如此进行下去，直到小球被找到。

另一种玩法是游戏者分成两边，一边由“女王安妮”和她的“女仆”组成，另一边扮演“吉普赛人”。“吉普赛人”先拿着小球并且藏好。她们排成一列走向“女王安妮”，且每个人都撩起自己的裙子，就像小球就在里面一样，并且唱着：

女王安妮，坐在太阳底下；美得像一朵百合花，晒得像一只小松鼠。约翰国王给你送来三封信，请你读一封给我听。

“女王安妮”和她的“女仆”唱道：

我们不会只读一封信，除非全部都读完。我求求你，某某小姐（填对方的名字），将小球交出来吧。

如果她们正好碰对了人，那么此人就要站到“女王安妮”的一边。但如果没有猜对，“吉普赛人”就唱道：

小球是我们的，不是你们的。所以，高傲的女王，享受你的荣华富贵吧，我们吉普赛穷人随便走走。

之后，她们再次转着圈，并重新藏好小球。

羽毛

这个游戏很累人。游戏者围着桌子坐成一圈，并分成两组。两组面对面，将一根松软的小羽毛放在桌子中间。每一方的任务都是吹羽毛，使它最后落在对方的那一边，并且始终不会落在自己这一边。

在桌子上放一枚弹珠也可以玩同样的游戏。这时要将桌布移走。玩的时候，所有人都要将脸放低，贴近桌面。

传话筒

游戏者坐成一长排或者一圈。第一个人转向第二个人，快速地低声对他说某句话或某个短故事。第二个人可能听得比较清晰，但也可能没听得太清楚，不管怎么样，他都要尽量准确地将其内容低声传达给第三个人。依此类推，直到所有人都轮一遍。随后最后一个人又对着第一个人耳语，而第一个人则将自己的原话向大家重复一遍，然后再将自己刚刚听到的话说一遍。

广告

除一人之外，所有人坐成一圈。不坐的人站在中央，手上拿一个柔软的垫子。他将垫子向随便哪个游戏者扔去，并开始从1数到10。被扔垫子的人在他说到10之前，必须说出一个大家都耳熟能详的广告词。如果他没有做到，就要受罚。

法官与陪审员

游戏者，或叫“陪审员”面对面坐成两排。“法官”坐在最末尾，或者在两排游戏者之间走动，并提出问题。他所提的问题或许需要介绍一下。他可能会问：“A小姐，你认为明天会下雨吗？”此时，尽管“法官”对着A小姐问话并且看着她，但回答问题的不是她，而是她对面的那个人。他在回答时不允许说“会”“不会”“白”“黑”或者“灰”等词语。如果被问到问题的人正确地回答了问题，A小姐就要变成“法官”，而“法官”则坐到她的位置上。如果在“法官”数到10之前，她对面的游戏者没有回答，那么此人就要当“法官”，而“法官”则坐到他的位置上。

交叉提问

游戏者坐成一圈，开始后，一个人转向旁边的人并提一个问题。问题可能是：“你今天晚上淋湿了吗？”回答可能是：“还好，我穿了雨衣。”然后第二个人再问第三个人，之后沿着圆圈进行下去，直到轮到最后一个人问第一个人问题。问题可能是：“你的堂兄是否还好？”游戏者对所有这些问题和回答都必须认真地记住，因为当一圈进行完毕后，每个游戏者都要依次重复别人向他提的问题，以及他所提问题的答案。在当前这个例子中，第一位游戏者应当宣布自己被问到的问题，即，“你的堂兄是否还好？”而回答是：“还好，我穿了雨衣。”

交叉提问的另一种玩法如下：将所有游戏者分成两组，面对面站着。每边选一个队长，由一名队长提问，另一名队长回答。之后，一名队长走出队列，低声向自己的每个队员提某个不易回答的问题，留给该队员向对面队列中相应的游戏者提问。对面的队长也要向自己的每名队员低声说出某个很离奇的答案。于是游戏开始。前一列中的第一个人向对面的人提他被告之的问题，并且听到一个离奇的答案，对面的人还要重复答案三次。这两列人当中如果有谁笑了，那么就要退出游戏。能自始至终都板着脸的人便获胜。当所有人都提出和回答了第一轮问题之后，再由两列中排在最前面的两个人担任队长，并重新提出一套问题和答案。如此进行，直到最后只剩下两个人。

鲁思和雅各布

一名游戏者蒙上双眼，站在由其他游戏者围成的圈子中间。其他人安静地围着他跳舞，直到他指向某人时，此人必须走进圈子，并努力避免被这名“瞎子”抓住。抓人者不停地喊着“鲁思！”而被追逐的人必须始终立即回答“雅各布！”同时还要巧妙而迅速地躲开，以防被对方当场抓到。如果“鲁思”被抓住，“雅各布”就要猜猜此人是谁。如果猜对了，“鲁思”就要被蒙上眼睛当“雅各布”，游戏则重新开始。

飞走了！

被选定当队长的人坐下，将右手的拇指放在膝盖上。其他人密集地围着她，也把右手的拇指放在她的膝盖上，并且离她都很近。之后，队长要突然举起放在膝盖上的拇指，说“某某东西飞走了”。如果她说的东西不能飞，其他人的拇指都不能动，但如果这种东西可以飞，大家都要将拇指拿起来。比如，“画眉飞走了！”“蝴蝶飞走了！”这样说的时候，其他人的拇指都要拿起来。但如果是“公共汽车飞走了！”“小猫飞走了！”“小猪飞走了！”大家都不能有所动作。当然，游戏的目的就是要抓住开小差的游戏者。

抓牢了！走喽！

这个游戏由五个人来玩，其过程相对来说容易让人晕头转向。其中四个人各拿住一块手帕的一角。另一个人站在旁边下口令，他会喊“走喽！”

或者“抓牢了！”如果他喊“走喽！”大家必须一如既往地牢牢抓住手帕；而如果他喊“抓牢了！”大家就要松手，让手帕落在地上。口令的下达要迅速，有时候还要重复口令，以增加其他人的紧张感。

军士

在这个游戏中，一名游戏者代表军士，其他人代表他训练的士兵。当他做某个动作并且喊“照着做”的时候，其他人必须模仿他的动作；如果他说“做那个动作”的时候，大家则不予理睬。

西蒙说拇指朝上

游戏者坐在地上或椅子上，每个人都握紧拳头并将其放在膝盖上，大拇指朝上竖着。一名游戏者喊出“西蒙说拇指朝下”，所有拇指都必须立即翻过来。为了把他们搞糊涂，他会交替地喊几次“朝下”“朝上”，直到大家都适应了口令的变化，之后他却突然连续两次下达同样的口令。那些做错动作的人都要受罚。如果他只是简单地说“拇指朝上”或“拇指朝下”，大家便都不能去理睬这一口令，否则就要受罚。

口令有时也会变化，比如他命令大家：“西蒙说手指来回摆动！”那么所有拇指都必须来回摆动。

大学者

一个与“西蒙说拇指朝上”类似的游戏是“大学者”。扮演大学者的游戏者站在人群中间或坐在一把椅子上，用手、胳膊、头和腿做出他想做的各种动作。每做一个动作，他都会说，“大学者是这样做的”，或者“照着大学者这样做”。如果他说“大学者是这样做的”，其他游戏者都必须进行模仿；但如果他说“照着大学者这样做”，大家要都不予理睬。出现任何错误都将导致受罚。

动作模仿游戏

这又是一个不允许有笑声的游戏。游戏者安静地坐成一圈，相互靠近。无论领头的人做什么动作，其他人都要照着做，但是既不能微笑，也不能发出声响。领头的人可能拽旁边游戏者的头发，拍拍他的脸，或者用手戳他身体的两侧，或者捏他的鼻子。

雕像

这是另一个考验参加者体态的游戏。游戏者可以根据自身意愿选择某种姿势，然后便一动不动、一声不响地保持这种姿势，如同一尊雕像。由一名游戏者当裁判，其任务就是想办法让“雕像”笑出来。谁笑谁就要受罚，然后板着脸时间最长的人便成了“裁判”。

笑星

“笑星”游戏则恰恰与此相反。大家在地上坐成一圈。游戏开始后，一个人将一方手帕往空中一抛，这个动作一做出，每个人都必须开始笑，一直笑到手帕落到地面上为止。之后，他们必须停止笑，并离开圈子。没有按要求做的人要继续留在圈子里。慢慢地，除一人之外的所有人都离开了圈子，而留下的那个人如果愿意，可以一个人玩一次。

一起打喷嚏

给出某个规定的信号之后，游戏者中三分之一的人一齐说“唏”，另三分之一的人一齐说“切”，剩下的三分之一说“咳”。指令一旦下达，结果让人听起来就是一片响亮的喷嚏声。

宾戈

在“宾戈”游戏中，一开始大家手挽手，围成一圈往前走，一边唱道：

有个农夫有一条狗，它的名字叫鲍比·宾戈。宾——戈，宾——戈，宾——戈，宾戈就是它的名字！

之后游戏者松开手，所有女孩走进圈子中，站在那里，而男孩则围着她们跑，嘴里哼着同样的旋律。再之后，男孩走进圈子，女孩围着他们唱歌。接着，大家再次手挽手，所有人第四次围成原来的圈子，一边唱歌一边前进。如果没有男孩参加游戏，那么女孩在游戏开始前就可以指定一部分人扮演男孩。

罗宾活着

有一个不错的炉边游戏叫“罗宾活着”。如今，家里有壁炉的孩子太少，所以可以对该游戏进行修改，使其成为一个可供一群安静的孩子进行的优秀的晚间游戏。一个孩子点燃一张拧成条的纸或者一根木棍，将它举起来快速地捻动，使其始终燃烧，嘴里尽可能快速地念叨着：

罗宾还活着，他应该活着。如果他死在我手里，你可以让我背重物。

说着，他立即把纸传给下一个人，后者也相应地背诵上面这几句话。如果纸最终在某人的手上熄灭了，那么此人就要“背重物”。他要躺在地板上，其他人可以将垫子、小椅子、书等物品堆到他身上，而他还要重复着：

岩礁、石头和老马的骨头，所有这些东西你都可以堆在我身上，还可以再加点儿其他什么。

桑树丛

游戏者手拉着手，围成一圈走啊走，嘴里唱着：

我们在这里的桑树丛里走着，桑树丛，桑树丛。我们在这里的桑树丛里走着，在一个晴朗有霜的早晨。

接着他们松开手，唱道：

我们这样洗衣服，洗衣服，洗衣服。我们这样洗衣服，在一个晴朗有霜的早晨。

他们一边唱，一边装着洗衣服。唱完之后，他们再次手拉着手，围成一圈跳舞，并再次齐唱关于桑树丛的歌，并一直进行下去。

其他可选的歌词有：

（2）我们这样熨衣服。（3）我们这样洗脸。（4）我们这样梳头。（5）我们这样去上学（装出很不情愿的样子）。（6）我们这样学习。（7）我们这样缝衣服。

最后一种歌词，唱的时候很开心：

（8）我们这样放学归来。

接着，大家再次合唱，直到游戏结束。

卢比

这是要求所有游戏者都要做同一件事情的、另一个古老的乡村游戏。他们先手拉手，围成一圈跳舞，并唱道：

我们在这里跳舞，卢比，卢比，我们在这里跳舞，卢比。我们都在这里跳舞，卢比，卢比，在一个周六的夜晚。

之后，大家松开手，站在原地不动，接着唱：

缩回你的右手，伸出你的右手，将它们轻轻摇晃，然后转个身。

在唱歌的同时，他们便按照歌词中的要求做动作。接着，他们再次跳舞和齐唱，歌词变成另外一种。如此等等。以下是歌词的顺序：

（2）缩回你的左手。（3）缩回你的右脚。（4）缩回你的左脚。（5）缩回你的头。

最后是：

缩回你的身体，伸展你的身体，将它们轻轻摇晃，然后转个身。

交响乐队

这是一个总能让人乐在其中但声音震耳欲聋的游戏。游戏者排成几排站在领头者或“指挥”面前，由“指挥”领唱一句诗句（可以选自某首打油诗或其他歌曲）。接着，他手指某个游戏者说：“请首席小提琴师演奏这首简单而悦耳的曲子。”于是他们两个人再将这句话演唱一遍，“小提琴师”则用双臂模仿小提琴演奏家的动作，声调则模仿小提琴琴弦的声音。随后，“指挥”又指向另一名游戏者说：“请长号演奏这首简单而悦耳的曲子。”于是，第三个演唱者加入其中，他则模仿长号的声调和长号演奏家的表情。随后，游戏一直进行下去，直到每个人都演奏着一种想象中的乐器，而“指挥”当然成为唯一一个用嗓音唱歌的人了。

一只肥母鸡

这是一个随便编织用语的游戏，用来诱导游戏者受罚。大家排成一排坐在地上，坐在最后的一名游戏者先开始。他说“一只肥母鸡”。其他人都必须依次说“一只肥母鸡”。第一名游戏者接着说“两只鸭子和一只肥母鸡”，这句话也要一直传到整个队伍的末尾。接着是“三只嘎嘎叫的野鹅，两只鸭子和一只肥母鸡”。照此进行下去，直到到达队伍末尾。其他顺序如下：

第四轮：前缀为“四只胖鹌鹑”。

第五轮：前缀为“五只生气的鸽子”。

第六轮：前缀为“六只长腿鹤”。

第七轮：前缀为“七只绿鹦鹉”。

第八轮：前缀为“八只尖叫的猫头鹰”。

第九轮：前缀为“九只丑陋的秃鹫”。

第十轮：前缀为“十只光秃秃的鹰”。

这时候，句子已经冗长得很难准确重复了，为“十只光秃秃的鹰，九只丑陋的秃鹫，八只尖叫的猫头鹰，七只绿鹦鹉，六只长腿鹤，五只生气的鸽子，四只胖鹌鹑，三只嘎嘎叫的野鹅，两只鸭子和一只肥母鸡”。任何人只要出了错，就要受罚。

约翰 · 波尔

同样的游戏还可以用“约翰建的房子”来玩，当然，也可以采用其他类似的故事。在这些游戏中，能叫一大群人一起哄笑的最有意思的游戏，莫过于古老的“约翰·波尔”游戏了。

第一轮：约翰·波尔将他们全都打死。

第二轮：约翰·布洛克造出枪托，但是约翰·波尔将他们全都打死。

第三轮：约翰·布拉莫尔造出枪的通条，约翰·布洛克造出枪托，但是约翰·波尔将他们全都打死。

第四轮：约翰·怀俄明造出雷管，约翰·布拉莫尔造出枪的通条，约翰·布洛克造出枪托，但是约翰·波尔将他们全都打死。

第五轮：约翰·斯科特选出炮弹，……

第六轮：约翰·克劳德造出火药，……

第七轮：约翰·帕兹尔造出枪口，……

第八轮：约翰·法雷尔造出枪管，……

第九轮：约翰·科林特造出打火石，……

第十轮：约翰·佩奇造出火柴，……

到第十轮的时候，每个游戏者就必须说：

约翰·佩奇造出火柴，约翰·科林特造出打火石，约翰·法雷尔造出枪管，约翰·帕兹尔造出枪口，约翰·克劳德造出火药，约翰·斯科特造出炮弹，约翰·怀俄明造出雷管，约翰·布拉莫尔造出枪的通条，约翰·布洛克造出枪托，但是约翰·波尔将他们全打死。

奇特鲍勃

还有一个古老的押韵诗游戏叫做“奇特鲍勃”，不过在这个游戏中，通常是一次就将所有话全部说完，一直说完一轮，而不是一次加上一句。以下是内容：

有一个人名叫考勃，他有个妻子名叫毛勃。他有条狗名叫鲍勃，她有只猫名叫奇特鲍勃。“鲍勃。”考勃说。“奇特鲍勃。”毛勃说。鲍勃是考勃的狗，毛勃的猫是奇特鲍勃。考勃、毛勃、鲍勃和奇特鲍勃。

在以传统方式玩“奇特鲍勃”的游戏时，每在背诵中出现一个错误，就要将一个纸喇叭塞进出错的游戏者的头发里，最后，只有在受到相应惩罚时，这些纸喇叭才能被一次性全部清除。

松糕男

“松糕男”是上面所列游戏的一个变体。游戏者坐成一圈，开始后，其中一个人转身面向下一个人，以说话或唱歌的方式问道：

哦，你是否认识松糕男，松糕男，松糕男？哦，你是否认识住在特伦里街道的松糕男？

回答是：

哦，是的，我认识松糕男，松糕男，松糕男。哦，我认识住在特伦里街道的松糕男。

随后两个游戏者一起重复道：

我们两个人认识松糕男，松糕男，松糕男。我们两个认识住在特伦里街道的松糕男。

完成之后，第二个游戏者再转向第三个游戏者，进行同样的问答，但是这时的歌词变成了：

我们三个人认识松糕男……

第一位游戏者也要加入其中。因此，在结束的时候，当所有人都参加了，所有人都要唱：

我们N个人都认识松糕男，松糕男，松糕男。我们N个人都认识住在特伦里街道的松糕男。

旅行者和骑自行车的人

“旅行者”游戏是“家用马车”游戏的一个不错的变体。在这个游戏中，要选一个口齿伶俐的游戏者担任旅行者，其他人则冠以各种名称，如店老板、侍者、店员、服务生、女服务员、电灯、电梯、床、晚餐、纸张、起居室、卧室、蒸汽散热器、拖鞋等等。之后，假设旅行者到达，开始下达指令。“我今天晚上有房间住么？好的。晚饭多久能准备好？叫侍者把我的小包拿到屋里来。带我看看我的房间，再拿些纸来。”如此等等，每个被念到名字的人都要起立，否则就要被登记在册并受罚。

该游戏适合被改编成新的游戏项目。其中之一可称为“骑自行车的人”，玩法如下：先选一名游戏者当骑自行车的人，其他人则扮演自行车上的各种部件（可根据游戏者的数量，每个人选两个名称，以增加乐趣）。比如，车灯、灯芯、润滑油、车把、轮辐、轮胎、链条、打气筒、螺母、车铃、篱笆、田野、绵羊、马路、小山、狗等等。这些都指定完了之后，骑自行车的人开始讲故事了，风格如下：

今天早上的天气真不错，我决定骑一段长路。于是我拿出打气筒，给轮胎打上气，用活动扳手上几个新螺母，把车灯擦拭干净，整一整灯芯，再擦擦车铃和车把，然后出发。马路上的路况非常好。田野里闪耀着露珠，篱笆上蜜蜂嗡嗡地采蜜。我飞快地骑着，饱览着美景，直到在克莱莫尔小山山脚下的转弯处，突然撞上了一群绵羊，猛地从车上摔下来。你根本不知道车坏成什么样了。车灯和车铃根本不见踪影，车把拧得像麻花一样，轮胎裂成了一条条，轮辐就像一张蜘蛛网。我的双手和双膝都摔破了。最糟糕的是，牧羊人的牧羊犬错误地视我为敌，我只好用活动扳手把它赶走，直到农夫听到外面嘈杂的声音，才过来救了我。

在讲述这个故事期间，所有被提到名字的游戏者当时一般都要站起来片刻，但在故事发生的那一刻，所有代表自行车上某个部件的游戏者（如车把、轮辐、轮胎、链条、气筒、车灯、灯芯、车铃、活动扳手、螺母等等）都要一下倒在地上。

客厅特技

我们可以在不伤及家具的情况下，在一间小房子里完成各种各样的难度动作。面朝上躺在地上，让另一个人将双手放在脑袋后面将你拉起来站直（此人的动作肯定始终都很费力），便是一个不错的游戏。另一个游戏是身体向前弯曲，在不弯曲膝盖的情况下用指尖触摸地面。再有一个是，让双脚始终保持在一条线后面，看谁能在仅用左手支撑地面的情况下，左手尽量向前伸，而右手将一枚硬币放的距离最远。之后还能将双手缩回来，使自已仍然站在线的后面呈直立姿势。在此过程中，不能移动双脚，或者用右手做支撑。倘若完成了这个过程，还要以相同的方式把硬币再取回来。

另一种难以完成的动作是：双脚并拢，一只胳膊放在身后，看看谁能在离墙壁最远的地方站定双脚，条件是身体前倾，仅用另一只手水平地贴在墙上作为支撑。要记住的是，你还要再次恢复到直立的姿势。

还有一种是双脚脚趾以某条线为界，在不用手帮助的情况下跪下并站起来。

再有一种就是用身体在两把椅子之间搭一座桥，将身体平放在上面，脖子放在一把椅子上，双脚的脚后跟则放在另一把椅子上。做这个动作的时候，一开始可以用三把椅子，中间一把放在背的下面。当你的身体挺直之后，就可以将中间那把椅子抽走了。

不可能完成的特技动作

如果你双手互相叉着，在胸前呈一条直线，并且两个食指的指尖压在一起，那么在这种情况下，对任何人来说（无论他多么强壮有力），要想一边往上举胳膊一边将这两个手指的指尖分开是不可能的。

如果让某个人靠墙站立，且脚后跟挨着墙壁，再在地上离墙壁边缘一英尺左右、位于他正前方的地方放一个一先令的硬币，然后对他说，“如果你能在不让双脚的脚后跟离开墙壁的情况下把硬币拾起来，那这个先令就是你的了。”但他根本做不到。

另一件不可能完成的事是侧身贴墙站立，左面颊、左脚后跟和左腿都要挨着墙壁，然后让你把右腿抬起来。

点蜡烛

这是另一个关于平衡的游戏。两个男孩面对面站着，每人手中拿一支蜡烛，但一支点燃，另一支不点。仅用右膝跪下，再让左腿完全离开地面，然后用点燃的蜡烛去将另一支蜡烛点着。

帽子与卡片

在屋子中央放一顶高帽子，然后将一副牌分发给围着帽子坐成一圈的游戏者。游戏的玩法就是让游戏者一个接一个地将手中的牌扔进帽子里。

拔河

该游戏可能多半在户外进行，但在一间大房子里进行也是完全可以的。先按人数将游戏者分成两组，至少在第一轮拔河的过程中人数要绝对平均。在绳子的中间系一块手帕，然后在地板上用粉笔画三条平行的线，每条线之间的距离为一码左右。之后，双方抓住绳子，每边的队长（其职责就是通过喊号子来鼓舞其所在一边队员的士气）将双手放在离手帕约一码半的位置。之后，裁判要对拔河绳进行整理，使手帕正好位于中间那条线的正上方。裁判的口令一下，每边的人员都要尽力拉绳子，使手帕能够越过离自己最近的那条线。比赛采取五局三胜制。如果一组的实力比另一组明显要弱，就可以对人数进行调整，直到较量双方实力均衡为止，以增加比赛的观赏性和激烈程度。

高度跳绳

游戏者尽可能散开地围成一圈（最大限度地利用空间），一名游戏者站在中央。他手中拿着一根绳子或较重的绳索，下面系着一件不太重的物件

（例如小垫子或比较大的沙包）。他弯下腰，开始围着圆圈挥舞绳子。绳子挥舞到哪位游戏者身边时，他就必须从绳子上方跳过去。随着垫子摇动的速度越来越快，绳子的位置也越来越高，游戏者要想跳过它也就越来越难了。第一个没有跳过去的游戏者要取代舞跳绳的人，但中间的人挥舞绳子时，手的位置不允许抬高到超过膝盖。

客厅足球

在这项游戏中，于屋子的两端各设置一个球门，每名游戏者拿一把扇子，足球由一个漏气的熟鸡蛋代替。用扇子一扇，它就会在地板上来回滚动。

气球

在屋子里系一根细线，高度在3-4英尺左右。将游戏者分成两组，站在细线的两侧。接着，将气球扔向空中。玩法就是始终让它停留在细线上方的空中，这样，一旦它落下，肯定就会落到某一侧的阵营当中，那么这一侧阵营就输了。弹气球的时候，只能用手指的背面敲击，还不能太用力。

棉纸比赛

在这项游戏中，棉纸被裁成三四英寸见方的小纸片，并且数量与游戏者的人数相同。将棉纸放在屋子一端画好的一条直线里，再在另一端放两本书或其他物品，每件物品之间相隔一英尺，充当“球门柱”。然后组织者一声令下，每名配备有一把扇子的参赛者便开始用手中的扇子将面前的方纸条一路扇到通过“球门柱”。为了不至于将每个人的“球”搞混，最好事先给纸片做上标记，或者染成不同的颜色。任何参赛者都不能扇别人的纸片，除非出现“事故”。

走路的西班牙人

玩该游戏的时候，必须有几个年龄较大或身体较强壮的游戏者在旁边，以防止出现可能的伤害，但这个游戏非常有意思。每名游戏者轮流走向屋子的一端，手中拿一根拐杖或一把雨伞，将头置于把柄以下的位置，同时闭着眼、弯着腰，原地迅速转六圈，但拐杖的顶端不能离开其原有位置。之后，他要马上稍作整理，然后沿着一条提前系好的线或画好的直线，稳步地走过整个屋子，来到另一端。始终离线最近的人为胜者。

捡土豆比赛

这个游戏最好在大厅或开阔的空地上进行。游戏中需要拿两个篮子，放在大厅一头某个地方，分开约两码远，在每个篮子的前方画一道竖线，一直延伸到另一头。在线上放置土豆，每隔一码左右放一个，一直往前放，但每条线上的土豆数量要相等。线的数量与参赛者的人数相同，便可以进行游戏。在这个游戏中，参赛者的跑步速度是很重要的。每名参赛者手拿一把长勺子，他的任务就是赶在对手之前，将自己这条线上的所有土豆都铲起来并放进篮子里。每个土豆要依次放进篮子里，如果中途掉了下来，就必须再次捡起来，然后才能捡下一个。除勺子之外，不能用别的物品辅助，倘若用到了手或脚帮忙，则视为犯规。

救火水桶

在乡村发生火灾时，由于没有浇水的软管，人们便站成一长排，从着火的房子一直延伸到最近的水塘，然后不停地沿着队伍传递装了水的水桶。这个很锻炼体力的游戏便因此而得名。游戏的玩法是这样的：将一大堆各式各样而又摔不烂的东西（如小球、靴子、土豆、书本等等）平均分成两组，每组都放进一个布制的筐子里。游戏者随后排成两列长队，人数相等，每队选一人当队长。队长站在所在队伍的筐子旁边，另一头则放一把椅子，旁边站着所在小组的另一名游戏者。“开始”的口令一下达，这些物品便由队长逐一传递给其所在队伍的第一名游戏者，然后尽可能快速地往下传递，在不落地的情况下传给在椅子旁边站立的那个游戏者。物品一到他的手里，他就要将其堆放在椅子上（但不能滚下来），直到所有物品全部传递完毕。接着，他便将它们一个接一个地以同样快的速度传递到筐子那一头，直到筐子再次被装满。完成得最快的那一边获胜。如果中途有物品落地，就必须捡起来，并继续往下传，之后，掉落物品的游戏者才能接着传递下一件物品。

处罚

在前面提到的许多游戏中，都有“受罚”这一项。如今和过去相比，处罚的游戏已经不再是晚间娱乐的一个极其重要的组成部分了，但是它们仍然能增添游戏的乐趣。“处罚”的意思，是指给收取“罚金”的游戏者某件私人物品或其他东西（如一把小刀、一根铅笔或一方手帕），在游戏时或晚上晚些时候，通过表演指定的“赎罪”项目将自己的物品赎回。当“索取没收物品”的时间来到时，掌管没收物品的游戏者坐在一把椅子上，而另一个游戏者（蒙上双眼或者把眼睛遮住）则跪在他面前，其他游戏者站在一旁围观。坐在椅子上的人随后举起一件被没收的物品，问道：“我有一样东西，一样很不错的东西。请问应该让这件好东西的主人做点什么呢？”蒙上眼睛的游戏者则这样问道：“这件东西是好呢，还是特别好？”意思是说，它属于小男孩（好）呢还是小女孩（特别好）。回答则是“它很好”或者“它特别好”。随后蒙眼者便说出物品的主人应该做什么事才能把它赎回去。而有些“赎罪”方法其实是个伎俩，一旦被对方揭穿，就没什么意思了。因此，像以下惩罚方式都必须具体、明确而实用。

皱眉一分钟。

跳舞一分钟。

看看你在一分钟之内能数到多少。

按字母表顺序倒着说。

准确地说出与大家提出的三样东西相反的东西。

学公鸡叫。

以很快的速度说十遍“混合饼干”。

倒着从50数到1。

重复一首儿歌。

将双手放在身后，保持这样的姿势躺下再站起来。

将双手放在一起，放到脚底下、头上面。

头上顶三本书，在不用手的情况下围着屋子走一圈。

最灿烂的微笑，最优雅的鞠躬，然后吻一下你最爱的人。

打哈欠直到引得某个人也打哈欠。

将你的脑袋塞进某个圈子里。（将你的手指穿过某个圈子，并用指尖推一下你朋友的脑袋。）

在地上放一根稻草，使自己迈不过去。（放在离墙脚很近的地方。）

在桌上放一把椅子，脱掉鞋，从它们上面跳过去。（从鞋子上跳过去即可。）

两条腿出去，六条腿进来。（进来的时候拿一把四条腿的椅子。）

不出错地重复五遍“一只老鼠跑过屋顶，嘴里叼着一个生肝脏”。

提一个不能用“不”回答的问题。（请问“yes”怎么拼写？）

将一枚硬币从额头上摇晃到地上。（硬币是湿的，旁边的人将它紧紧地压在受罚者的额头上，后者必须闭上眼睛。硬币拿走的时候，受罚者还以为它仍然在自己的额头上，想把它摇晃到地上呢。）

重复一首诗，并大声数出单词的数量。玛丽（一）有（二）一只（三）小（四）羊羔（五）。

在屋角跳舞，在另一个屋角大叫，在第三个屋角唱歌，然后在第四个屋角倒下“死”去。

还可以一次性让两位受罚者赎回自己的物品。将两个游戏者蒙上双眼，各交给他们一杯水，命令他们递给对方喝。不过，这种处罚方式可能会将两人的衣服和地上弄湿。

还有一种赎回被没收物品的传统方法，是告诉它们的所有人在同一时间各唱一首不同的歌曲。不过，如果告诉他们在院子里表演，或许就不会那么嘈杂，而且也更有意思。

拍卖奖品

发奖的一种新方式是将奖品“拍卖”出去。给每名游戏者一个小袋子而不是计数卡片。这些袋子的用处是装豆子。每个游戏结束时，有进步的游戏者，都可以领到五粒豆子。游戏结束时，开始“拍卖”奖品。当然，拥有豆子数量最多的人便可以“买”到最好的奖品。因此，除了极大地增添了乐趣之外，这种分配方式也是相当公平的。

绘画游戏

> 我相信在刚开始时，教具必须结合老师的声音一起呼唤孩子，诱导孩子们用教具来教育他们自己。我尊重不幸的孩子，也热爱那群不快乐的孩子。他们会因为别人的接近，而引燃他们的热情。
>
> ——玛利亚·蒙台梭利

许多人在提到绘画游戏时，都以不会画画为由提出退出游戏的请求。不过，本章介绍的所有游戏，没有哪一个需要真正的绘画技能。每个游戏的目的并不是绘制出好的作品，而是创造更多的乐趣，往往画得不好的作品要比优秀的作品更能惹人发笑。

五个圆点

每个喜欢绘画的孩子都喜欢这个游戏，不过，倘若你的朋友里有一个人是真正的画家，那让他来和你玩当然再好不过了。你拿来一张纸，在上面画五个圆点，位置随意，可以相互间散得很开，也可以离得很近（不过不要太近了），甚至可以在同一条直线上。另一名游戏者的任务就是用这五个点画出一个人的形状来，其中脑袋占一个圆点，双手占两个圆点，双脚占两个圆点，如图所示。

“轮廓图”或“摇摆图”

“五个圆点”的另一种玩法是“轮廓图”。在这个游戏中，不要求画圆点，而是在纸上随意地画一条线，或直线，或“之”字形线，或曲线。随后要换纸，这条线必须很自然地融入一幅图画中，如图所示。

当参加游戏的人比较多的时候，画“摇摆图”的一种好办法是为所有参加者标出同样的线。方法可以是用一支硬铅笔在纸上用力划，以便上面一张纸的线可以在下面一张纸上留下痕迹，也可以在纸张之间垫复写纸。这样，每个人都有了同一条线，而对这条线运用得最离奇、最让人意想不到的参赛者获胜。画线的唯一要求是不能画圆圈，因为线的两端必须分开，以便为线之外的其他图案的设计留有余地。有时候，可以规定画出的图仅限于人脸，这样可以避免各种奇形怪状而又很不现实的作品出现。

闭眼画画

闭眼绘画的主题一般是一头猪，不过任何动物也都可以（或者说也都过得去，因为猪的卷尾巴可能最体现一个人的绘画特点）。为什么这种游戏有那么好玩，这一点很难说清楚，不过事实上，人们在玩这一游戏时，要比玩其他游戏笑得更响亮。闭眼画猪的时候，房子的女主人起码应当在场，以便用旁观者的眼光看待画作。画完之后，绘画者签上名字，再加上日期。之后，这就成了一幅来客作品，可以在上面给猪穿上衣服。

“我家贵客的魅影”

在谈到新奇的留言册时，人们往往会提到“我家贵客的魅影”游戏。“魅影”的效果是这样产生的：客人用浓墨写下自己的签名，趁墨迹未干的时候，将纸沿名字的中轴线纵向折叠，然后将两边用力压在一起，其结果便是印出一个好玩的、形状对称的个性签名。有些人在来宾留言册上宁可留下自己的“魅影”而不是普通的签名。

“蝴蝶书”的制作方法如出一辙。在留言册的旁边，主人会放四支颜料。客人可以将颜料挤在纸上，然后将纸对向折叠，接着将它摊平。其效果非常好看，有时甚至逼真得令人称奇。

还有一种留言方式是“手书”，即每名来宾在留言册上按下手的轮廓。“拇指书”的制作方法和它一样，只不过在制作“拇指书”时，来宾拇指的印记得以保存，它是用和留言册配套的印泥按出来的。

用墨迹图形也可以制作出很好的收藏品。将一滴墨水滴在纸上，墨水自然下落时，形状是圆的，也可以用一支钢笔把它拉长一点。之后，要将纸小心地折起来，并用手抚平。要想创作出最令人惊叹的作品，一般要用钢笔在上面添加几处“点睛之笔”，让它看起来像风景画、数字或者复杂的几何图案。

绘画技巧

以下用插图介绍六种绘画技巧。图（1）画的是一名士兵和一条离开房间的狗，这是铅笔用三笔画成的。图（3）是一名水手，是用两个正方形、两个圆和两个三角形画成的。图（5）画的是亨利八世，这是用一个正方形和九条直线画成的。图（6）则是为本书专门设计的，画的是一名准备用鱼叉捕获海豹的爱斯基摩人，用的图案是十一个圆和一条直线。剩下的图形如图（4）所示，是一头快乐的小猪和一头沮丧的小猪。图（2）是一只猫，用的是堪称最简单不过的线条。

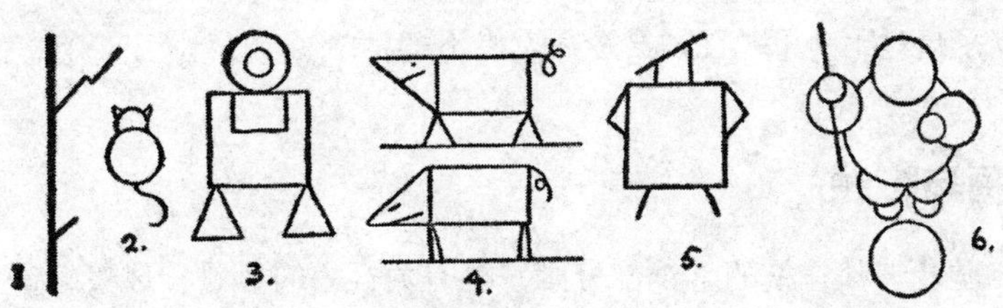

绘画技巧

综合型动物

在这个游戏中，第一名游戏者先在纸的顶端写下某个动物的名称，并将纸折起来。第二名游戏者再写一种动物的名称，依此类推，直到你有了四个甚至五个动物的名称。接着，你将纸打开，画出包含上面提到的各种动物的习性特点的“动物”。

脑袋、身子和尾巴

玩这个游戏时，要给每个人发一张纸，让他们在纸的顶端画一个脑袋。至于这个脑袋是人脑还是鱼脑，或是四肢动物、鸟或昆虫的脑袋，这无关紧要。画完之后，要将纸交上去，由某人在纸上做两处小记号，用来表示脖子和身子相连的位置，之后再将纸发下去，让游戏者把身子画出来。同样，游戏者决定画什么动物的身子并不重要。之后，再次将纸折叠上交，由某人在上面标出画腿或画尾巴的位置，然后再将纸发下去。当腿和尾巴画完之后，画作就完成了。

按顺序绘画

每名游戏者都坐下，手中拿着铅笔，面前放一张白纸，其任务就是将每名游戏者轮流选择的事物画出来。第一名游戏者先说出他希望绘画的事物，比如一棵树。于是他说“画一棵树”，说完后，所有游戏者（包括他自己）便在纸上画出一棵树。可能下一个人说“画一个正在爬树的小男孩”，再下一个人说“画一个被困在树枝顶端的气球”，再下一个说“画两个抬头看气球的小姑娘”，如此等等，直到作品的内容比较丰富为止。该游戏的主要兴趣点在于难以找到一个能包含图上所有事物的恰当的场所。事后将每个人的作品拿到一起对比一下，往往会令人忍俊不禁。

图画与标题

每名游戏者都在纸的上半部分画一幅有关过去的风景，风景的来源可以是恰当的历史场景，也可以是自己家庭的历史，画完后，在纸的下端横向加上标题，然后将纸折好。随后，大家的作品要相互传递，每名游戏者都要在

“画家”们折叠的作品上面（或者在另一张纸上）写下自认为其应当表现出的内容；如果是另外加纸，则将自己写过的内容补充建议也折起来。在下面的例子中，纸张底部的标题是绘图人自己加上的，其他部分则是别的游戏者认为其应该表现的内容。

游戏者的各种描绘

克赖斯特彻奇的艾博特在位于英国南部博内茅斯附近的地方，勘察修道院的地形。

巴黎博览会的最后期限。

一位老人回到儿时的家园，向河对面看去，有一只鸭子在河里游泳。他看着教堂和市镇的废墟，他记忆中的那些庄严雄伟的建筑都在那里。

方舟式的建筑物。

书写游戏

> 只有当他成为自己的主人并遵循一些生活规则时，他才能管住自己的行为，我们才认为他是一个守纪律的人。这样的纪律具有灵活性的概念，既不易被理解又不易被采用。但它包含一个伟大的教育原则，它不同于旧式教育里那种绝对的、不容辩驳的高压政策下的“不许动”的原则。
>
> ——玛利亚·蒙台梭利

写字游戏

以“写字游戏”为题的许多游戏，似乎都要比真正意义上的写字难得多。不过，仅仅是进行写字游戏的提议，往往就足以将那些不相信自身写作能力的胆小的游戏者吓跑。但事实上，不管写作的能力强不强，游戏其实都是很好玩的。这种比赛追求的并不都是速度，也不都是看谁的能力强。

单藏头诗

藏头诗分为单藏头诗和双藏头诗两种。单藏头诗是非常简单的。当所有游戏者都准备就绪时，其中一人要先选一个单词，可以源于自己的想象，也可以从书中找一个成功的可能性较大的。比如这个单词是管理（即“govern”）。随后每名游戏者都要在纸上纵向写出一排单词，使每个单词的首字母相连构成“govern”。因此，该游戏的目的就是在既定时间内，找出以图中大写字母开头的单词来。由此，在时间将到时，某个游戏者写下的可能是：

G ravy

O range

V iolet

E sther

R obin

N umbskull①

随后，游戏者要依次描述他们写出的各个单词，其目的是让每名游戏者（或合体游戏者轮流猜测）通过他对这些单词的描述来猜测单词的写法。还是沿用上面的例子。相应的游戏者可能会这样描述：G——某种能给熟牛肉调味的东西；O——一种水果；V——一种花；E——一个女人的名字；R——一种鸟儿；N——对某个笨蛋的一种称呼。如果有某个人使用的单词和你重复，那么你们两个人都不得分，因此，找出别人最意想不到的单词非常重要。

另一种玩“单藏头诗”的方法是要求每个单词的长度相同。因此，“govern”一词的填写可能是这样：

G rave

O ddly

V erse

E arth

R ebel

N inth②

双藏头诗

“双藏头诗”的玩法和上面的一模一样，但有一点不同，即将单词的首字母在纸上纵向排列之后，还要将其按相反顺序并排地写在右侧，使填写之后的单词中，第一个单词的末字母应当是最后一个单词的首字母，第一个单词的首字母应当是最后一个单词的末字母，依此类推。如下：

G　N

O　R

① 以上六个单词的含义分别是：肉汤、橙子、紫罗兰、艾斯特、知更鸟和傻瓜。——译者注

② 以上各词的意思分别是：严肃的、古怪地、诗句、地球、造反者、第九个。——译者注

V　E

E　V

R　O

N　G

之后，游戏者必须按照上面的首尾字母顺序填写单词。某一张纸上可能是这样填的：

G rai N

O rde R

V ersatil E

E…V

R apall O

N othin G[①]

倒数第三个以“E”开头并以“V”结尾的单词很难找到。总体而言，在“藏头诗”游戏中，不允许使用只由三个字母组成的单词，也不能使用名词复数。也就是说，如果某个单词必须以“S”结尾，那么你不能给某个简单的名词加一个“S”，比如用“grooms”来填写“G——S”，而是要找一个本来就以“S”结尾的单词，比如“Genesis”（起源）。

如果再赋予“藏头诗”以某个明确的特征要求，那么这种游戏的玩法可能更难，但也更有意思。比如，可以要求填写的所有单词都必须是地理学方面、文字方面或者与花有关的词汇。

词汇量比赛

这种游戏其实也是对游戏者词汇量的一个检验。先选一个字母，例如T，要求游戏者在给定的时间内（可能是十分钟）尽可能多地写出以T开头的动物的名称。第一名游戏者写好之后要朗读自己的列表，在那些没有人写过的词上做标记，然后将其他游戏者的纸上也出现过的单词全部勾除。接着，可能要写植物的名称（包括花、树和水果），再然后可能是人物、地点等等。最后标记最多的游戏者为获胜者。

① 以上单词的意思分别是：谷物、命令、多面手、拉帕洛、零。——译者注

这种游戏的一种变体是看谁写的单词多，叫作“超长写法”。在给定的时间内，看谁写的以某个字母为首的小单词数量多，比如tax、tin、tea、tear、tare、tray, din、dray、dairy, road、rat、raid等等。

单词列表

“单词列表”是“词汇量比赛”的一种变体。给每名游戏者一张纸，让他们轮流说出某种所有人都要写出的东西。假设有五个人，大家决定玩三轮游戏，那么可能是这样：第一个人可能说river（河流），第二个人可能说doctor（医生），第三个人可能说complaint（疾病），第四个人可能说play（戏剧），第五个人可能说State in the Union（联邦中的某州）；第二轮，第一个人可能说musical instrument（乐器），第二个人可能说poet（诗人），如此等等，直到所有十五样东西全都写下。之后，在每张纸上都列出同样的十五样东西。随后其中一名游戏者顺手打开一本书，并选择一个字母（如第一行第三个单词的第一个字母）。例如这个字母是T。接着每名游戏者要在给定的时间内，用T开头的单词来回答列表中的项目。时间一到，某名游戏者的纸上可能是这样写的：

A river Tees（提兹河）

A doctor. Mr Treves（特里维斯先生）

A complaint Tic Doloreux（提克多萝留克斯）

A play Timon of Athens（古希腊哲学家泰门）

A state in the Union Tennessee（田纳西州）

A musical instrument Trombone（长号）

A poet Tennyson（坦尼森）

A flower Trefoil（三叶草）

A mineral Tin（锡矿）

A lake Tanganyika（坦噶尼喀湖）

A tree Tulip（郁金香）

A country Turkey（土耳其）

An author Trollope（特罗洛普）

An artist Tadema（塔德玛）

A preacher Talmage（塔尔梅格）

每个游戏者都要轮流朗读自己列表中的内容，删除别人已经使用过的单词，再在其他单词旁边做上标记。此处列出的范本非常简单，所以不能算作该游戏中的代表作。游戏者在玩的过程中，应当尽量不用最先想到的单词，这样有利于出“奇兵”。

信件与电报

玩这个游戏时，先要写信。写信的第一件事是写地址和“亲爱的某某”，可以选择你喜欢的任何人，不过一般来说，最好是某个公众人物或者在场每个人都认识的人（如果可能的话）。随后，要将纸折起来传下去。写信的第二件事是写信件的正文，应当限制在两分钟或者较短的时间内完成，而且应该写那种需要回复的信。之后，再将信折起来往下传，之后再在上面加上附注（如“相信我，您的忠诚的某某”，也可以随便选择一个动词），再签上名字。（如果愿意，可以将这部分内容分成两部分来写。）签名应该是另一个公众人物的名字，或游戏者们都熟悉的朋友、亲戚或熟人。之后，再次将纸张折起来。下一个人要以电报的形式对信进行回复。也就是说，你必须以十个单词将想说的话都说出来。举例如下：

信件

第一个游戏者写道：我亲爱的布法罗·比尔

第二个游戏者写道：您觉得我们全村的合唱应该选哪些歌曲合适呢?

第三个游戏者写道：请相信我，您的忠诚的某某

第四个游戏者写道：喀土木的基奇纳

回复电报

第五个游戏者写道：《明天与你同在》、《纸张飞上天》。

发电报

该游戏也是“发电报”游戏。玩游戏时，第一件事就是写电报发送者的姓名。写完后，将纸传下去，再写上电报接收者的姓名。然后纸往下传并被

打开，游戏者轮流各说一个字母（任意选择），直到凑够十个字母为止。由某人将这些念出来，然后每名游戏者都将其写在面前的纸上，并在后面留一点空间。这样，当所有十个字母都写完的时候，每个人面前的纸就是这样的：

由约克公爵

发给巴纳姆和贝利

H…A…P…N…

W…E…K…S…F…

T…

随后，给出五分钟或更长一点时间，每个人都要完成这封电报。电报内容必须是十个单词，而且每个单词的首字母依次是以上字母。游戏者必须尽可能使电报内容合理。照此规则，上面的例子在电报正文写完后应该是这样的：

由约克公爵

发给巴纳姆和贝利

Have Awning Prepared Next

Wednesday Evening Kindly Send Five

Tickets

（意为：将遮阳篷准备好，周三晚上请送五张票）

在提出电报中将要使用的十个字母时，最好避免使用不常用的辅音，而要多用元音。

该游戏还有一种变化很有意思，即所有游戏者都要根据同样的主题来撰写电报内容，而主题是事先定好的。比如，可以规定所有电报都应当由罗斯福总统发给仙境中的爱丽丝，请她谈谈对关税的看法。因此，在完成这些电报时，对方以相同字母构成的答案应该就已经给出了。不过，在所有游戏中，解决家庭问题当然要比解决公众问题有意思得多。

首字母

给每名游戏者发一张纸，让他们回想某个公众人物，或大家都认识的朋友或熟人，然后将此人的教名（或姓名）和姓的全称写在纸上。然后用几分钟时间，如五分钟，让大家对此人的某个特征进行概要描述，但描述所用的每个单词的第一个字母，都要相应地与此人姓名中的字母一致，并且顺序也要相同，直到大家对他或她的描述已经足够多或者时间到为止。假设大家选择的人是著名的故事家Frank Richard Stockton（富兰克·理查德·斯托克顿），那么对他的特征描述可能是这样的：

F ancifully R ecounts S trange F reakish R omantic S tories. F inds R isibility S urely. F requently R aises S miles.

善于讲述离奇古怪的浪漫故事。的确不乏幽默感。总能惹人发笑。

若有必要，偶尔使用的“and”和“of”可以不计入其中。如果某人的姓名以元音开头（例如William Ewart Gladstone，英国政治领导人威廉·尤尔特·格莱斯顿），那么对他的简述就要容易得多了。

有时候，给每个人相同的姓名，让他们逐一进行描述，可能更加有意思；而在有些游戏现场，不允许游戏者自行挑选姓名，而是由组织者挑选。以同一方式，也可对城镇和国家的某些特征进行描述，方法是在描述的内容中，每个单词的首字母都要与描述对象的名称中每个字母相一致。

猜谜语

比较难的一种游戏是“猜谜”。在纸的上方写下你能想出的某种事物，比如“一名士兵”、“一件新衣服”、“一套蓝衣服”、“一次铁路事故”等等，任何浮现在你脑海里的事物都可以。之后，将纸张传递下去，让其他人也分别在上面写下某种事物。之后再次传递，并打开来看。比如上面写的两种东西是：第一，“一名教师”；第二，“一双溜冰鞋”。游戏者的任务就是将它们当成一个谜语，然后针对它们提问，如“为什么教师喜欢溜冰鞋？”或者“老师和溜冰鞋的区别是什么？”，来叫其他人给出合理的答案。可以看出，这种游戏更适合于那些聪明的孩子。

压韵的回答

玩这个游戏需要进行一定的准备，还需要一些文字技巧。每名参与的游戏者都要在一张纸的顶端写下某个问题，例如“恺撒去世的时候是多大”或者“你最喜欢的颜色是什么”，之后将纸卷起来往下传递。下一个游戏者要写一个单词（任何单词都可以），比如“电”“土豆”“勇敢地”“牛奶”等等。之后纸再往下传，最后打开。每个游戏者的任务就是写一首可以回答自己纸上所提问题的压韵诗，并且诗的内容还要涉及相应的单词。

遗漏的信息

给每个人一张纸、一根铅笔，让他正确回答某些我们在日常生活中谁也不易注意的问题。我们在此给出了一些例子，不过谁都可以在后面无限制地添加。

1. 你知道一枚邮票有多少英寸吗？一张五美元的钞票呢？
2. 画一张挂钟的外表图，让所有指针都指向十二点零五分。
3. 你知道男士使用的绸缎礼帽有多高吗？圆顶窄边礼帽呢？
4. 画出你所在的屋子的门上有什么图案。（当然在不抬头看的情况下）
5. 你自己的高帮系带鞋上有多少个鞋带孔？
6. 一只猫或一条狗有多少个脚趾？
7. 苍蝇有多少条腿？
8. 母牛躺下的时候是什么样子？马呢？
9. 普通的菊花大约有多少花瓣？蔷薇呢？向日葵呢？
10. 从地面算起，电车的高度是多少？列车呢？

回答问题最多、最准确的游戏者获胜。

因果关系

当一群人的情绪已经到了无话不谈的地步的时候，“因果关系”便是一个大家都喜爱的游戏。这种游戏的玩法如下：给大家发纸和笔，首先每个人都在纸的上端写下适用于某位男士的一个形容词，如“英俊的”。之后，将纸折起，使别人看不见你写的单词，并将每张纸依次传递给下一个游戏者。之后，要写下某位男士的名字，可以是你认识的人，也可以是某位公众人物，比如美国总统或卡耐基先生。同样，也要将纸折起，并依次向下传递。在写完此人的姓名之后，应当加上一个词“遇到”，放在姓名之后。也就是说，完整的故事应该是英俊的卡耐基先生是怎样“遇到”某个人的。接下来，写一个适用于他遇到的某位女士的形容词，例如“丰满的”。然后写下这位女士的姓名，同样，可以是你认识的人，也可以是公众人物。当每个人都写完之后，将纸折起来传下去。剩下的内容是这样的：他们相遇的地点，比如“码头”。他对她说的话，比如“我希望你神经痛的毛病已经好了”。她对他说了什么，例如，“没有什么比下雨更对庄稼有利了”。最后的结果是什么，例如“他们结婚了”。社会上的议论，例如“天遂人愿啊”。

必须要记住的是，如果玩的人很少，笑料也会少一些，而且大家没有在同一张纸上玩第二次的机会（或者最多玩两次），这样的话，脑子里有太多的素材也没有什么用。上面给出的例子是很常见的一种情况。这种游戏进行书面介绍可能没什么意思，但是，只要参与者都有探究因果关系的能力，哪怕是上面这种稀松平常的例子，也能带给大家很多欢乐。游戏始终充满着不可预见性，而彼此“相遇”的男男女女也几乎肯定能成为大家的笑料。如果将所有纸上写的结果都交给一个人来读，效果往往更佳。

“因果关系”的拓展游戏

上面介绍的“因果关系”游戏是很普遍的一种，也是最简单的一种类型。不过在某些家庭里，该游戏已经有些变化而且通过其他方法进行了完善。我们在这里提供一种大家都熟悉的完整版的“因果关系”游戏。就当前的情况而言，这种改进版的游戏可能太冗长了，但是其附加的一些内容却可以使平淡的游戏变得更加好玩。

用于描述某位男士的形容词。

此人的姓名。

他的穿着。

他在做什么。

（“遇到”）

用于描述某位女士的形容词。

女士的姓名。

她的穿着。

她在做什么。

他想遇到的那个人。

他们在哪里相遇。

他想了些什么。

他说了些什么。

她想了些什么。

她说了些什么。

他给了她什么。

她拿这件东西做了什么。

他们去了哪里。

他们做了什么。

结果怎么样。

社会上怎么议论。

示例：

深受爱戴的西奥多·罗斯福身穿一件过时的波纹绸浴巾，嘴里吃着核桃，遇到了风骚的普里西拉阿姨，后者身穿黄褐色的茶会服装，正在玩她的诺亚方舟。而他此时更想遇见图索夫人。他们相遇的地点在南汉普敦。他当时想："又是这个女人。"但他嘴上却说："您身上的衣服很别致啊。"她心想："我还以为他看到了彼得·潘呢。"但嘴上只是说："您靠的地方油漆还没干呢。"他给了她具有穿透力的一瞥，而她也"照单全收"。于是，他们一起前往监狱，在那里学骑自行车，结果呢，他们都得了流行感冒。社会上的人议论说："这种病是风吹引起的，谁也不好受。"

编故事

另一个需要折叠和传递纸张的游戏是"编故事"。将纸发给每个人，让每名游戏者用五分钟时间，在上面写一个故事的开头（题目已经给出）。之后，要传递纸张，每名游戏者要尽可能地将别人写的内容读一遍，然后用五分钟时间加以补充。如此等等，直到每名游戏者都在每张纸上写下了某些内容。之后，再次传递纸张，每张纸都放在每名游戏者的面前，等待大家给它添加结尾。随后，也是最后五分钟时间里，每个人要将故事通读一遍，然后加个结尾，但这件任务往往很难完成。如果有六个人参与，每人写作的时间规定为五分钟，那么当三十五分钟结束时，就有六个很长的故事需要朗诵。

另一种编故事游戏

还有一种编故事的游戏，是让每名游戏者在纸的上方写下某位名人或家长朋友的名字，然后将纸折好传递下去。如果像这样传递五次，那么就意味着将纸张打开时，每张纸上都写有五个人的名字。之后，大家都要写个故事，对这些人物进行介绍。

不大可能发生的故事

还有一种编故事游戏是，每名游戏者都要尽量讲述不大可能或者根本不可能发生的故事。玩这种游戏时，不需要传递纸张，但需要为写故事规定时间。

报纸

这是个相当巧妙又很容易玩的游戏。先由一人担任编辑，他面前放有和游戏者人数相同的纸张，并在每张纸的上方写下某份报纸某个栏目的名称。照此规则，他可以在某张纸上写道“巴黎通讯”，在另一张纸上写道“英国通讯”，在第三张上写道“柏林通讯”，在第四张上写道“政治新闻”，在第五张上写道“我们的时装展示”，在第六张上写道“评论”，在第七张上写道“天气预报”，依此类推。之后，每名游戏者要在规定的时间内，就分配给自己的标题进行写作，其风格类似于每日新闻，写完后，由“编辑”大声朗读出来。

还有一种玩法比较适用于家庭生活或乡村环境。标题最好与家庭事务有关，比如“护理通讯”、“厨房闲话”、“绅士时装”（描述父亲的某一套新衣服）、“花园新闻”、“乡村聊吧”等等。也可以不以报纸为模板，而是借鉴某种流行杂志，同时配以插图。

困境

对一群机灵的孩子来说，这个游戏是个不错的选择。大家会发现，当面临某种困难境地，并给出时间让大家想出某个解决方案时，几乎人人都是智者。给每个人一张纸、一支笔（如果是口述解决方案，也可以不要这些东西）。随后，某位游戏者开始游戏，他先提出某种困境，问大家“在这种情况下，你会干什么”，给大家五分钟时间思考，然后写出答案（比如给十五分钟）。之后，每个人都要轮流讲述自己在这种困境中要如何脱身。这里给出了几个恰当的题目：

如果你发现自己身处一个陌生的城市，举目无亲，身无分文，且无可供抵押之物，你会怎么办？

如果你在半夜醒来，看到有个窃贼正在进屋，你会怎么办？

如果你透过教室的门往外看，却看到外面的走廊里冒烟起火，你会怎么办？

如果你在异国他乡，不会说当地的语言，但却想预订房间和早餐，你会怎么办？

桌面牌类游戏

激发生命，让生命自由发展，这是教育者的首要任务。在进行这样一种细致的工作时，需要有高度的艺术，要把握时机和恰到好处，不致造成干扰和偏差。孩子们的心灵正在充分发展，他们的生命依靠自己的力量，而我们只能是帮助他们。

——玛利亚·蒙台梭利

打牌及其他游戏

比较正规的牌戏如伯齐克牌戏、克里比奇牌戏和惠斯特牌戏，并不在本书的介绍范围之内。而象棋、国际跳棋、哈尔马棋以及西洋双陆棋等等，本书也同样不予阐述。倒不是因为这些游戏不好，而是由于这些游戏的用具需要购买，其规则在此无需赘述。不过，我这里倒要介绍几种非常古老而又受人喜爱的牌类游戏，以及几种新型的游戏，因为它们是可以在家里玩的。

搭龙，或叫十三张

许多“接龙”游戏用数字纸牌或普通的扑克牌都可以玩。牌的尺寸大小并不重要，不过为了方便在一张小桌子上玩，最好为一英寸长或两英寸长，数字写在牌面的上方。如图所示。

“接龙”游戏由四副牌组成，每副牌又包含标有一至十三的四套数字卡片。这些卡片完全可以在家里自己动手制作，同时还可以做一些装牌的小袋。最简单的玩法是将四副牌按数字的正确顺序排好。一名游戏者将他的四个小袋里的牌全都倒进一个筐子，将其摇晃几下，然后一边随意从中挑牌

一边说出牌上的数字。其他游戏者都将牌摊在自己面前，听到叫牌之后，要将面前的牌按顺序排成四排，直到挑牌的人喊到“一”的时候，他们才有机会将其他牌压在上面。如果游戏者经验不足，有时候也可以用五副牌来玩。我们不介绍其他种类的“接龙”游戏了，原因有两个：第一，严格来说，这并不是小孩子玩的游戏；第二，这种游戏是可以仅通过个人指导来教会的。“接龙”游戏千变万化，也有很多介绍这类游戏的图书。

捉对儿

其实没什么必要解释“捉对儿”是什么意思，不过，或许有必要将规则写在纸上，以免引起争议。将一副“对儿”牌发一圈，不管几个人都可以玩。游戏开始时，游戏者往自己手中一张接一张取牌，将牌面朝上放在面前的桌子上。如果某张牌与桌上已经可以看见的牌相似，最早发现的人或者类似牌的主人就喊一声“对儿”，那么这些牌就应该归最早喊“对儿”的游戏者所有。由于有时候大家很难搞清楚到底是谁先喊“对儿”的，所以最好有一人当裁判。如果出现了毫无争议的并列排位现象，那么游戏继续进行，就像什么都没发生一样。赢得牌的游戏者可以将面前的所有纸牌都收集到手上，然后继续参加游戏。当某个游戏者将手上所有的纸牌都放到桌子上的时候，那么他就要等到该自己发牌时，才能再将桌子上的牌拿到手里。这是一个激动人心的时刻，因为如果他放在最上面的一张牌成了“对儿”，那么他就拿不回来了，或者说他就一无所有了。

与“捉对儿”游戏相比，还有几种玩牌的方法，尽管玩法有点类似但又不完全一样。比如，当出现“对儿”的情况时，大家经常会将“对儿”喊错。玩这种牌的时候，将喊“对儿”的游戏者的牌放在桌子中间，只有当某人发现一张牌与它们当中最上面的牌一模一样，并喊出“对儿中间”的时候，位于“对儿中间”的那张牌以及它前面的牌都要被喊“对儿中间”的人拿走。当然，喊“对儿中间”的人很可能是发现者自己，但也很可能是其他人，因为在一般情况下，只有类似牌的主人才能喊“对儿”，而当中间也有牌的时候，任何人都可能喊“对儿中间”。（在有些地方，所有人在整个游戏过程中都可以喊“对儿”，但这种玩法并不是最佳方案。）

当某个游戏者一张牌也不剩的时候，他就要退出游戏，直到中间再次有牌（其前提是他有机会喊出“对儿中间”），他才能再次参与游戏。游戏一直进行下去，直到某位游戏者将所有的牌都据为己有为止。

抢塞子

“抢塞子”游戏是在“捉对儿”游戏上加以变化而来的，在这个游戏中，要将一个软木塞放在桌子中间。其规则与“捉对儿”游戏相同，但有一点不一样：在发现“对儿”的时候，你不是喊“对儿”，而是去抢木塞；如果玩“对儿中间”游戏，则一边抢木塞一边喊“中央”。

“对儿”纸牌游戏

“对儿”纸牌完全可以自己制造，和买的几乎一样可用。你可以将自制的牌涂上颜色（如果是这样，务必要让四副牌完全一样），也可以在不同颜色的纸上剪出牌的形状，然后将纸粘到牌面上。墙纸是做牌的绝佳材料。买的“对儿”纸牌相对自制的唯一好处是它们的手感更光滑。

老女人

该游戏参与者人数不限，可以是用自制的纸牌玩，也可以用扑克牌，但要将里面的三个“皇后”拿走，剩下的那个“皇后”便是“老女人”。之后，将牌发给大家，每名游戏者都要先将手中牌里成对的牌拿掉，如两个“老K”、两个“老幺”、两个“五”等等。所有人都做完这些之后，游戏者开始将手中的牌拿给下一家，牌面朝下，而下一家则收下这张牌。之后，下一家要看看自家的牌中有没有与这一张配对的，如果有，就将这一对放在桌子上。再检查一遍之后，他再以同样的方式将手中的牌给再下一家一张，如此循环往复。由于谁手中握有“老女人”，谁就会最终输掉游戏，因此，每一个得到这张牌的人都会想方设法哄骗下一家拿走它。随着手中的牌越来越少，刺激程度也就越来越高。

“老男人”的玩法与此相似，不同的是要先将三个“王”拿掉。

找猪

“找猪”是一种很嘈杂的游戏。可以用普通的纸牌玩，也可以专门做一副“猪”牌，而且制作的过程很简单。首先搞清楚想参加的人有几个，并依此来挑牌。例如，如果有五个人想一起玩，你就只留下四副“一”至“五”的牌，如果人数为六个或三个，就只留下四副“一”至“六”或“一”至“三”的牌，将其他的牌拿掉。假设五个人玩，那么挑选的牌就可能是四个“老幺”、四个“二”、四个“三”、四个“四”和四个“五”；也可以从大牌开始算，便是四个“王”、四个“后”、四个“老K”、四个“十”和四个“九”。之后，将牌洗一下，每个人抓牌，玩法就是每名游戏者都要凑出一套完整的四张相同的牌。不过，你并不像“老女人”游戏里那样从牌里挑一张，面朝下递给下一家，而是每名游戏者都将自己喜欢的牌传给下一家，而下一家也一定要接收。当某个游戏者有一套四张相同的牌的时候，他就将这一套牌放在桌子上（根据个人喜好，可以轻轻地放，也可以猛地一摔），而一旦将这一套放在了桌子上，他手上的其他牌也要放下，其他人则接着玩。最后将手中牌放下的游戏者便是“猪”。这游戏可以想玩几轮就玩几轮，最后放牌次数最少的人获胜。“猪”这个称呼每一轮都可以变化。比如，在第二轮最后放牌的人不只是“猪”，而且是“小猪”，第三轮是“大猪”，第四轮是“母猪”（或“公猪”），第五轮是“祖母猪”（或“祖父猪”），第六轮是“祖先猪”，第七轮是“圣猪”，第八轮是“原始猪”，第九轮则是“脆皮猪”。

预言与特色

这是一个记忆游戏，非常有意思。玩的时候要用两副牌，一副洗好摞起来放在桌子中间，牌面朝下。另一副牌发给游戏者，大家将其面朝上成排地放在面前，但每个人都不能拥有超过十二张牌，因为人的记忆力要想记住超过十二件事是不可能的。随便哪个人开始游戏时，都要说出一句预言或特征描述之类的话，如，“谁在今天内能继承一笔财产？”或者，“这个屋子里谁最先戴假牙？”与此同时，他要从中间的牌堆里翻一张牌。这张牌与谁手里的牌成对，谁就把它拿走，牌面朝上放在自己的牌上，并重复着预言：“我最先戴假牙。”下一个人也依次给出一句特征描述，“谁的脾气最坏？”或者“谁的性格最自私？”将这一过程持续进行下去，直到中间牌堆里所有的牌全部配对成功。接着，记忆测试开始了。每名游戏者都要轮流回忆并重复自己嘴里说出的所有的话，并且要快速而连续地大声说出来。他也可以故意说慢一点，但必须在别人数到十之前说完。谁能记住的话的数量最多，谁就获胜。

需要想、猜和做的游戏

在我们的方法中，必须采用的第一步是唤起他们。我们时而唤起他们的注意，时而唤起他们内在的生命，时而唤起他们和别人一起创造生活的激情。

——玛利亚·蒙台梭利

以船只名称为依据的字母游戏

游戏者坐成一长排，就像在学校的某间教室里一样。游戏开始后，一个充当老师的人尖锐地问排在最后的游戏者："字母的名称是什么？""A。"对方回答道。"老师"转向另一个游戏者，问："船的名称是什么？"然后直接快速而严肃地从一数到十。"仙女座（Andromeda）。"可能在他数到十之前，对方就突然给出这样的回答。"船长叫什么名字？""阿尔弗雷德（Alfred）。""货物的名称是什么？""装甲车（Armor）。""下一个字母是什么？""B。"如此等等。如果"老师"在提问和计数的过程中非常严格、突然，那么他就可以让自己针对的那个游戏者猝不及防。如果在他数到十之前，对方就提供了答案，那么他就要转向下一个游戏者，然后依此类推，直到对方说出答案。给出答案的游戏者要往那些没有答出来的人前面坐。该游戏在玩的时候应逐渐加快速度。

该游戏的一个变种是"我的船什么时候来到"。玩的时候，要在一个球上系一条手帕。可以在字母表中随便选一个字母，例如B。一名游戏者将手帕抛向另一个游戏者，同时嘴里喊道："我的船来到时，将装满某某货物。"

抓住手帕的人必须在他数到十之前，说出某种以B开头的货物名称，例如蜜蜂（bee）、蝴蝶（butterfly）、腰带（belt）等等。如果他没有说出来，就要受罚。当某个字母用完之后，要再选择一个字母，并将游戏从头再来一遍。

我爱我以字母A开头的某某人

这个游戏现在的玩法和过去不一样了。按传统的玩法，游戏者要坐成一排，有条不紊地按顺序各选择一个字母。以下是游戏的标准格式："我喜欢我以字母A开头的某某人，因为他怎样怎样（填一个褒义的、以字母A开头的形容词）；我不喜欢他也是因为A，因为他怎样怎样（填一个贬义的、以字母A开头的形容词）。他把我带到某个饭店（填一个以字母A开头的饭店名称），并用某某东西招待我（填两种以字母A开头的吃食，或者一种食物和一种饮品）。他的名字叫作（填一个以字母A开头的人名），来自某某地方（填一个以字母A开头的城市或农村的名称）。"随后是B，依此类推。

以A和B为例，应该是这样的：

我喜欢我以字母A开头的某某人，因为他令人仰慕（adorable）；我不喜欢他也是因为A，因为他很愚蠢（apish）。他把我带到阿德尔曼（Alderman）饭店，并以竹芋粉（arrowroot）和淡啤酒（ale）招待我。他的名字叫阿诺德（Arnold），来自艾尔郡（Ayrshire）。

我喜欢我以字母B开头的某某人，因为他生机勃勃（brisk）；我不喜欢他也是因为B，因为他太迂腐了（bookish）。他把我带到甲壳虫（Beatle）饭店，并以饼干（biscuits）和肉汁（bovril）招待我。他的名字叫布赖恩（Brian），来自波士顿（Boston）。

并不一定要始终选择男性的名字。出于游戏多样化的考虑，游戏者喜欢的也可以是某个女性的名字或表示女性特征的形容词。如果是这样，或许可以去掉小饭店的名称，有些句子便可以这样改写：

我喜欢我以字母A开头的某某人，因为她和蔼可亲（amiable），我不喜欢她也是因为A，因为她令人害怕（awesome）。我们一起前往亚历山大叔叔（Uncle Alexander）的住处，吃上了杏（apricot），喝上了矿泉饮料阿波利纳里斯（Apollinaris）。她的名字叫奥德丽（Audrey），来自安纳波利斯（Annapolis）。

要想找到以同一个字母开头的七个单词，对每个游戏者来说都是一项相当艰巨的任务，于是，可以依次选择单词，就像上述的“船只”游戏所做的那样。

玩“我喜欢我以字母A开头的某某人”游戏还有一种比较简洁的方法，如下所示：

“我喜欢我以字母A开头的某某人，因为他（或她）很怎样（褒义的形容词）。我要将他（或她）带到某个地方，以某某食物（某种能吃的东西）招待他（或她）。我要给他（或她）某种东西（一种物品，其用途必须在随后提及）和一束某某花（花的名字）。”

具体如下：

我喜欢我以字母A开头的某某人，因为他风度优雅（artistic）。我要将他带到澳大利亚（Australia），以芦笋（asparagus）招待他。我要给他一根登山杖（alpenstock）去攀登，还要送他一束翠菊（aster）花。

我的思想

游戏者坐成一排或一圈，其中某个游戏者想起了什么（任何可以描述的东西），并轮流问大家，“我的思想像什么？”大家在丝毫不知道他在想什么的情况下，可随意作答。一个人可以说，“像一条狗”；另一个人说，“像一把煎锅”；第三个人说，“像一个阴沉沉的天”；第四个人说，“像一出喜剧”。在得到所有回答之后，提问的游戏者要说出自己在想什么，然后沿着队列再次依次要求其他游戏者解释为什么他的想法像他们说出的那种东西。该游戏的乐趣在于这些解释。例如，他想的东西可能是一架六角手风琴。第一名游戏者在要求回答为什么六角手风琴像一条狗的时候，可以说，“因为你压它的时候它会叫”。第二个人可能说，“它像一把很沉的煎锅，因为你要用双手来拿”。第三个人说，“它像一个阴沉沉的天气，因为你很快就会烦它”。而第四个人则回答，“它像一出喜剧，因为它充满了曲调”。

问答游戏

另一个同属此类的古老游戏是“问答游戏”。游戏者坐成一圈，一个人站起来，依次问大家一个问题。提问要采取这种形式：“英格兰（或法国、德国、南非、俄罗斯、印度，或无论哪个国家）国王带着所有臣民出去了。请告诉我他去了哪里，但是要注意你的回答方式，不要使用P和Q。”被问到的游戏者于是在回答时，要提及对方所说到的国家中的某个城市，但这个城市的名称不能以P或Q开头，也不能以字母表中P之前的任何字母开头。例如，倘若问题中提到的国家是英格兰，那么他就可以回答“索尔兹伯里（Salisbury）”，但不能回答“布里斯托尔（Bristol）”；可以回答“里德鲁思（Redruth）”，但不能回答“牛津（Oxford）”。如果是法国，可以回答“土伦（Toulon）”，但不能回答“里昂（Lyons）”。可以回答“凡尔赛（Versailles）”，但不能回答“迪耶普（Dieppe）”。

这种游戏是可以改进的，至少在类型上可以变化。例如，禁止使用的字母不是P和Q。提问者可以说，“请注意不要使用K和L”，或者禁止使用Q之后的所有字母，而不是将P之前的所有字母排除在外。此外，也不必将游戏局限于地理范围，还可以使它适用于动物、食物或书籍。

要素

游戏者坐成一圈。游戏开始时，其中一名游戏者往另一个人那里扔一条卷起的手帕，同时说出四种要素，即气、水、土或火当中一种要素的名称。如果他说的是“气”，那么被手帕扔到的那个人就必须立即说出某种可以飞行的生物。说完之后，他要将手帕再扔向另一个人，可能嘴里说“土”，而对方则必须提到某种生活在陆地上的动物的名称。然后游戏继续进行。同样的动物不能被提到两次。当有人说“火”的时候，接到手帕的游戏者就必须保持安静，直到再次将手帕扔向下一个人。有时候，当游戏者扔了手帕并且说出某种要素之后，可能要从一数到十，以此作为时间限制，对方则必须在此期间给出答案。如果超出了这一时限，或者提到了某种已经被提及的东西，那么回答者就要受罚。

联想

对这个游戏人们要么非常讨厌，要么特别喜欢。游戏者围着火炉或桌子坐成一圈，开始时，其中一名游戏者提到某种物品，例如水壶。“水壶”

这个词会直接提醒下一个游戏者想起某种东西，例如“园丁”；而接下来的游戏者由“园丁”这个词可能联想起“紫罗兰”，因为当天早上他看到有个园丁拿着水壶在浇紫罗兰；下一个游戏者立即回想起去年春天在乡村看到了紫罗兰花，于是他便说“佛蒙特”。游戏由此进行下去，例如十轮之后，我们可以看到，游戏者的思绪已经由最初提到的“水壶”联想到很多其他物品了，可谓离题万里。此时，有必要再次将一连串联想的事物拉回到最初的“水壶”上来。这项任务由最后一名游戏者完成，他提到的可能并非他自己想到的东西，而是与此物有关系的某种东西。（例如，坐在他旁边的人可能在最后一轮说出“苹果核”，这一单词会让他想起“汤姆叔叔”。）因此，就这一点来说，游戏的第二部分自然要比第一部分难得多了。

玩该游戏的时候，有两点非常重要：第一，大家都必须保持安静；第二，你说出的单词必须是由你前一个人的话联想得出的。此外，不要弄虚作假也有助于增加游戏的趣味性，也就是说，要真正说出自己最早联想到的事物，而不是犹豫之后再选择。

诗句接龙游戏

这个游戏要求玩家具有某些诗歌知识。游戏者围成一圈坐下，一开始，某个游戏者诵读一句诗，下一个人要通过接上这句诗的下一句，来完成接龙任务。接下来，诗歌接龙游戏可以继续下去。游戏也可以只按照两行或四行的诗节进行。在另一种诗歌接龙游戏中，第一名游戏者要重复诵读一句诗，而下一个人则用他所引用的诗句的最后一个字母为开头，说出另一句诗。例如，如果第一名游戏者说：

“金星”号大帆船航行在冬季的海面上[①]。

那么下一个要完成接龙任务的游戏者就要说：

男儿当自强，不管怎么样[②]。

再下一个人则说：

慈悲不是出于勉强[③]。

①这句诗以a结尾。——译者注
②这句诗以a开头，以t结尾。——译者注
③这句诗以t开头。——译者注

讲故事

这是另一个难度比许多人所想象的都要大得多的炉边游戏。开始时，由第一名游戏者讲一个原创性的故事，但他必须在大家指定的计时员突然喊道“下一个”的时候猛地停下来，让下一名游戏者接着讲，就这样一直接龙下去，直到故事有了结尾。当然，出现结尾的情况有两种，要么是对整个一轮游戏进行完毕，要么是某个结尾大家都认为很完美。

该游戏的另一种玩法是每名游戏者都只提供一个单词，但是这种玩法很难成功，因为除了讲述故事开头的那个人之外，很难保证每个人都能想到一块儿会。

分组猜物体

按照游戏参与者的人数分组，可分成两组、三组甚至四组，每组在大屋子里选择一个不同的地方，紧密地坐成一圈。每组选出一个人，大家一齐来到室外，共同确定某种特别让人难以想到的东西，好让每组的成员们来猜。例如，在某次游戏中，有人想起了矿产，而美国的第一条铁轨下面就是用这种矿渣铺就的。可以说，这种矿是非常生僻而又让人难以想到的事物。一旦确定了物体，大家便回到屋里，拿着各自的凳子坐到各组成员中央。之后，组员们要向此人提各种只能以“是”或“不是”来回答的问题，看谁能猜出他们在室外商定的物体是什么。最早猜出该物体的小组获胜。

其他类“是”或“不是”游戏

玩同样的游戏时，也可以没有此类尖锐的对立状态。例如，一名游戏者坐在围成一圈的游戏者中间，依次问每个人一个问题。还有一种游戏叫作“人与物”，玩的时候，两名游戏者来到室外，商定某个男人（或女人）和与此人有关或此人常用的物品，例如“华盛顿和他的头盔”、“惠灵顿和他的猫”、“一名德鲁伊教成员和他的木制小刀”等等。商定好之后，他们回到屋里，每名游戏者轮流问他们一个问题，直到答案揭晓为止。

同样的游戏也可以反过来玩，即始终留在屋里的游戏者商定某个人物，让出去的游戏者回来扮演和猜测。在这种情况下，要由出门回来的人提问。

由于他当时的角色应该是他即将扮演或猜测的人物，因此他的问题可能要这样提出："我现在活着吗？""我是不是已经死了很久了？""我是个男人吗？"等等。

我右手边的邻居

这是一个"整人"游戏，必须在游戏者当中的某个人对该规则一无所知的时候才能玩。此人先被请到室外，经过一定时间之后，被再次喊进来，猜测其他游戏者刚才想到的人或事是什么。他可以根据自己的需要，提出任何可以用"是"或"不是"来回答的问题。其实大家想到的人是每名游戏者右手边的"邻居"，这往往让猜测者很难猜中。当然，每次玩的时候，被猜的事物都可以不一样，以便让猜测者满头雾水。

方式、时间与地点

一名游戏者离开屋子，其他人商定某个单词以供选择，可以是某种事物的名称（例如tale与tail，分别为"故事"和"尾巴"之意），其发音相同，但可能有两三种不同的含义和拼写形式。之后，大家坐成一圈或一排，将外面的游戏者叫进来。后者的任务就是通过轮流向每名游戏者提问的方式，将大家商定的单词猜出来。他的问题必须采取这种形式，如"你为什么喜欢它？""你什么时候喜欢它？"以及"你喜欢它什么地方？"假如大家商定的单词是"tale"。他问圈子里的第一个人："你为什么喜欢它？"回答可能是："我喜欢它搞笑有趣（指故事）。""你为什么喜欢它？"他又问下一名游戏者。"我喜欢它活泼好动（尾巴）"。再问下一个人："你什么时候喜欢它？""我晚上喜欢它（指故事）。"再问下一个人："你喜欢它什么地方？""我喜欢它最后的地方（指尾巴）。"再问下一个人："你在哪里喜欢它？""在扶手椅上喜欢它（故事）。"如此进行下去，直到该单词被正确地猜出来。

旁敲侧击

这种游戏和"方式、时间与地点"游戏类似，但有一点不同：它并不是由室外回来的游戏者提问，而是让他（或他们）回来之后，静静地坐在那里，听其他人相互谈论与所选单词各种含义有关的内容。例如，倘若室内的人选择的单词是“春天”，第一个人可能说，“它能使我在骑车时更舒服”；第二个人接着说，“在这段时间里，我总是比其他任何时间都开心”；第三个人说，“在那样的时候喝饮料，可以真正知道饮料是什么滋味”，等等。

动物、植物与矿物

这个游戏也与“方式、时间与地点”游戏类似。不同的是，外出的游戏者在回来之后，要猜测某种属于这三类物体中某一类的东西。因此，他的第一个问题可以是：“它是动物吗？”或许并不是动物。于是他问：“它是植物吗？”“不是。”于是他知道，这肯定是矿物。此后，猜出到底是哪种矿物质，对他来说只是个时间问题。

谚语

先让某一两个游戏者出去一下。其他人坐成一排，选择一句谚语，其单词数量与在场的人数相等。例如，倘若在场有八个人，那么就选择“They love too much who die for love”（溺爱他人者死于溺爱）这句谚语；如果人数大于八，也可以选择两句短谚语。每名游戏者都要保证记住自己的那个单词是什么，然后将外面的游戏者叫进来。他们的任务就是找出室内游戏者商定的谚语是什么，而要完成这项任务，就要针对某个事物，依次问每名游戏者一个问题，而对方的回答中必须包含谚语中此人负责牢记的那个单词。如果第一轮提问并没有揭晓谚语是什么，那么他们就要继续进行下一轮。

喊出谚语

在该游戏中，当外出的猜测者被叫进屋里的时候，室内的游戏者不是依次回答问题，而是要按照某个事先规定好的信号，以最大的声音同时喊出属于该谚语的不同单词。而猜测者必须从喧闹的杂音中甄别出谚语是什么。

表演谚语

这是一个非常简单的表演游戏。游戏者要分成“演员”和“观众”两部分。“演员”们要商定一条谚语，并且无声地将其尽可能戏剧化地表演给

“观众”。“厨子多了煮坏汤，木匠多了盖歪房”以及“人笨怪刀钝”之类的谚语，表演起来非常容易，甚至于一点不费力地就可以猜中。不过，尽管猜测是搞笑的重要环节，这一点固然可以理解，但实际上，真正搞笑的部分在于表演。

表演首字母

先让两名游戏者出去。其他人选择出某个名人的姓名（此人可以是公众人物，也可以是在场的每个人都熟识的人），但此人名字的字母数量要与留在屋里的人的人数相等。例如，假设屋子里当时有七个人，那么这个名人可以是狄更斯（Dickens）。之后，要将姓名的每个字母分配给每个人，而每名游戏者一旦知道自己分到的是哪个字母后，就要选择某个有名的、名字以相同字母开头的人物（可以健在，也可以是历史人物），而这个人物也正是他将要描述或表演的人。表演要比语言描述有意思多了。游戏者按照“Dickens”正确的拼写顺序依次就座，然后将外面的两个人叫进来。准备就绪之后，第一名游戏者，即分配到D的游戏者，便要站起来描述或表演依据他负责的字母所选择的人物，然后依此类推，按照既定顺序进行下去。

猜职业

这也是一个非常简单的游戏。一名游戏者先出去。其他人商定好将要表现出来的工匠，然后每个人都要装作完成某件属于此类工匠的不同任务。例如，倘若大家选择的是木匠，那么就要有人扮演刨木头，有人锯木，有人锤打，还有人用斧凿，等等。随后，从外面进来的人就要根据这些动作来猜测此“工匠”的职业。如果每名游戏者都选择一种不同的手艺，该游戏可能会更有意思。

忏悔凳

让一名游戏者先出去。随后其他人依次说一句与此人有关的话，例如，“他的声音很好听”“他的目光有穿透力”“如果他穿一件低领衣服，可能会更好看”等等。其中的一名游戏者要将这些话用笔记下来，然后将外面的游戏者叫进来，让他坐在置于圆圈中央的一把椅子上。随后记录员要将他记下的话依次读出来，而坐在中间的游戏者必须指出每句话都是谁说的。

对眼

在屋子里挂一张床单或用报纸做成的一块屏幕，并在上面打两个比眼睛稍大但两者距离与两眼间距离相当的洞。让一半游戏者站在床单的一侧，另一半站在床单的另一侧。接着，让他们轮流透过床单上的眼往对面观看，而位于对面的人则要设法指出这些眼睛都是谁的眼睛。这个游戏听起来很沉闷，但是，由于很难准确辨认，大家经常猜错，这也就很快便能让游戏者捧腹大笑了。

催眠术

这是一个恶作剧。接受“催眠”的游戏者（其中有一两个人对此游戏一无所知）站成一排，每人左手拿一个餐盘。“催眠”师同样拿一个餐盘，面对着他们，非常严肃地强调着“催眠”的重要性，说什么如果他们真想被“催眠”，就要严格照着他的动作去做，而且目光始终不能离开他的身上半点。之后，他将盘子平放在手里，用右手的大拇指摩擦着盘子的底部，悄悄地在自己的额头上、双颊上以及鼻尖上画一个十字。在他这些动作做完后，被“催眠”者全要照着去做。其伎俩在于：不知道游戏规则的游戏者的盘子曾经在蜡烛的火苗上烧烤过，直到盘底变黑，这也就意味着“催眠”结束时，每个被“催眠”者的脸上都会留下黑色的印记，而他们自己对此却毫不知情，直到被人带到一面镜子前才知道自己上当受骗了。

读心术

在所有的“读心术”游戏中，最好只有两名表演者了解其中的奥秘。这两名游戏者在事先商量好将要运用的某种具体技巧之后，一个人走出室外，另一个人留在室内。剩下的游戏者之后要商定好某种行业。比如他们确定的是药剂师。之后，将外面的游戏者叫进来，他的同伴会以下列方式向他提很多问题，例如，“你必须说出我们刚才想到的某种职业。现在我问你，是食品商吗？”“不是。”“是布料商吗？”“不是。”“是金匠吗？”“不是。”“是水果商吗？”“也不是。”“是律师吗？”“还不是。”“是药剂师吗？”“是的。”对游戏者中的部分人来说，这种回答看起来似乎很神秘，但实际上真的很简单。因为提问者只需要和同伴们商量好，让大家思考和确定的行业从属于某一种谋生的职业就可以了。

可能在另一轮游戏中，回答者需要猜测的是屋子里的某一件物品。比如大家商定好的物品是钟。由此，问题应该这样问：“你必须说出这间屋子里的我们刚才想到的某件物品。这件物品是钢琴吗？”“不是。”“是窗帘杆吗？”“不是。”“是地毯吗？”“不是。”“是壁炉吗？”“不是。”“是餐具柜吗？”“不是。”“是扶手椅吗？”“也不是。”“是钟吗？”“是的。”同样，这让人感觉不可思议，但实际上，其中的伎俩同样非常简单，因为提问者已经商定好，大家思考的物品必须有四条腿。

第三种情况是让“读心者”触摸物品，并应要求说出大家思考的物品是什么。“是这件吗？”“是这件吗？”“是这件吗？”他会一件接一件地触摸并被提问，但回答都是“不是”。“是那件吗？”“是的。”其奥秘在于，他摸到的物品是否是大家想到的东西，都要被一一确认或否决，不过，和前面描述的其他种类的游戏一样，要想增加游戏的神秘效果，就必须事先商定好提问的物品必须遵从一定的规则。

猜对方想到的数字

使用这些所谓的“读心”技巧，也可以进行数字谜游戏。这里有一种方法，可以找到某个人思考的数字是多少。先让他想某个数字，奇数偶数均可。不妨假设他想的数字是7。然后告诉他将这个数字加倍（得到14），再加上6（得到20），然后平分（得到10），再乘以4（得到40）。接着，问他得到的数字是几。他会说是40。你在头脑中将这个数除以2（得到20），再减去6（得到14），然后再次平分（得到7）。此时，你说他想到的数字是7，会让他大吃一惊。

猜对方想到的偶数

在这种情况下，你要坚持让对方选择的数字必须是偶数。不妨假设是8。让他将其乘以3（得到24），然后平分（得到12），再乘以3（得到36），然后让他告诉你用得到的数除以9结果等于多少。他会说等于4。这时，你只用在头脑中将这个数乘以2，然后告诉他，他思考的偶数是8就可以了。

猜测某个加法的结果

这是另一个骗人的把戏。告诉对方想一个数，将其加倍，再加上6，然后平分，并减去最初想到的那个数。做完这一切之后，你告诉他剩下的数是3。如果严格按照这些步骤进行，那么接下来剩下的数永远都是3。我们不妨以7和1为例。将7加倍得到14，加上6得到20，再平分得到10，因为一开始想到的数是7，那么让10减去7，就留下了3。同样，1加倍得到2，2加6得到8，8平分得到4，从4中减去1，仍然得到3。

更让人摸不着头脑的数字谜是这样的。告诉尽可能多的人，让他们思考某个小于1000的数字，但这个数的最后一个数字必须小于第一个数字。比如，想到的数可以是998，但不能是999，也不能是347。将这个数选好之后写下来，你再让每个人将这个数字倒过来，即个位与百位互换，十位不动，百位与个位互换。之后，告诉他们让大数减小数，然后再倒过来，再将两个数加上。最后你对每个人说，你知道答案是多少。这个结果永远都是1089。不妨假设有三个游戏者选择数字，第一个人选择998，第二个选择500，第三个选择321。每个人都将数字写在纸上，将其倒过来，然后相互减去。于是：

$$\begin{array}{r}998\\899\\\hline 099\end{array}\qquad\begin{array}{r}500\\005\\\hline 495\end{array}\qquad\begin{array}{r}321\\123\\\hline 198\end{array}$$

再将结果倒过来然后相加。于是：

$$\begin{array}{r}099\\990\\\hline 1089\end{array}\qquad\begin{array}{r}495\\594\\\hline 1089\end{array}\qquad\begin{array}{r}198\\891\\\hline 1089\end{array}$$

猜数游戏

在桌上放上一定数量的物品，例如一盒火柴、一袋豆子、一卷棉花或线球、一块大石头、一根棍子、一张照片，以及一些面值不等的、日期朝下的硬币。给参与的每名游戏者一张写有这些物品名称的卡片，他们的任务就是尽可能地猜出与这些物品有关的数字，例如，火柴盒里有多少根火柴、袋子里有多少粒豆子、线球的长度、石头的重量、棍子的长度、照片上的人的年龄、每枚硬币的生产日期等等。当然，事先一定要将正确答案具体明确下来，并且写在一张纸上，由主持人掌管。

观察物体

这个游戏的真实名称可能应该用别的话来表述，不过“观察”这个词却可以解释它的含义。在一张小桌子上放上各种各样的物品，可多达二三十种。用一块布将桌子蒙上，然后放到屋子中央。游戏者围着桌子站成一圈，主持人将布掀开一分钟（或时间再长些）。在此期间，每名游戏者的任务就是目视并尽可能多地记住物品。之后，再将布蒙上，参加游戏的人有五分钟时间将他们看到的物品尽量全部写出来。

香味记忆

另一种更让人犯难的游戏是在桌子上放一排大瓶子，并且都标上顺序号。在每个瓶子的底部都放有一些带有某种显著香味的液体，比如有些是梳洗时用的带有香味的物品，有些则是药用或烹饪时用的香精。给每名游戏者一张写有相应数字的卡片，游戏的任务就是让他们尽可能多地猜出各种香味的来源。

倒立音乐会

在这种游戏音乐会中，表演者的身高要大致相当。将一张床单垂直于地面平铺着固定在房间中央大约与表演者下巴同高的位置上，让他们依次站在床单后面。他们要将袜子套在小臂上，再将鞋子“穿”在手上（这些工作可以在他们走入房间之前就准备好），然后站在那里隔着床单面对观众。此时，他们要将双手和双臂小心地藏起来。音乐会开始后，开始演唱第一首歌曲的第一句。唱完之后，他们的演唱戛然而止，然后蹲下身子，让观众看不到他们的脑袋，而他们此时却举起双臂向观众摇动，展现出一种一排人倒立在床单对面的效果。随后，他们又放下双臂，露出脑袋，接着唱下一句。

跳舞的侏儒

这种游戏会给人一种很有意思的幻觉，而且容易进行。首先所有游戏者都离开房间，只留下两个人站在一张桌子后面。一个人站在离桌子很近的地方，双臂放在身前，手指平放在桌子上。他们的手臂上“穿”着鞋袜或靴子，并且用一件很长的黑色斗篷从前面那名表演者的肩膀处盖下来，以能够罩住他后面的人为宜。后面那个人要将双臂向前伸出。这时，只见从披盖的斗篷下面伸出一双“小脚”放在桌子上，形成了一副侏儒的形象。然后将外面的游戏者叫进来，并要求“侏儒”（脸上应该化妆）表演各种各样的才艺，比如让他唱一首歌，或者讲几句话，或者按照某个游戏者的意愿预测此人的未来，但每次表演结束的时候，他都要利用身后的那个人的双手和双臂表演一段劲舞。室内的灯光应该调暗一些，以便让观众站在桌子跟前就能获得最佳的幻觉效果。

哑剧表演

即兴表演哑剧也可以为游戏增加很多乐趣。玩游戏时，表演者要表演某个大家耳熟能详的故事，例如《阿拉丁神灯》或者《灰姑娘》，也可以是某个历史片断，或者引自某个乡村或家庭的事件。故事中灰姑娘的豪华的四轮马车与猜字谜游戏中的老式婴儿车之间的对比会为游戏增添乐趣。每个表演者都要在不说话的情况下卖力地表演。有时候，如果将所有角色都颠倒过来扮演，例如让男孩扮演女英雄，而让女孩扮演勇士，则会更加搞笑。有时候，如果表演的场景过于宏大，不好呈现，则最好直接用一些箱子或盒子代替道具，就像表演莎士比亚的戏剧那样，并在上面贴上标签，写上“这是阿拉丁宫殿”之类的话。

化装游戏

有道具的化装游戏当然其乐无穷，不过盛装也并没有那么重要，只是似乎没有化装就无法进行字谜游戏。如果在你举行聚会的当天，你知道在节目单中有猜字谜游戏，那么你最好先在某个比较方便的房间里准备上一些化装所需的道具。这样，一旦上场的时间来到，你就不必匆匆忙忙地跑到楼上，将各种各样的物件从衣柜和箱子里拖出来了，而某些不愉快的事情也就能得以避免，比如你为了急着上场，将别人最看好的衣服穿上了之后，往往就会闹出不愉快。

最适合用作化装道具的衣服几乎无一例外都是皮大衣。尽管《小红帽》一剧中的狼被孩子们反复扮演，不过动物园里的其他动物也同样是不错的选择。士兵的军服是很好的道具，而警察的真钢盔也曾经在许多成功的字谜游戏中发挥过重要作用。不过，如果没有条件，在聚会当天早上，也可以用牛皮纸很容易地制作出各种各样的帽子。用同样的材料也可以方便地制作出肩章和帽徽。还可以用粉末或面粉作出白头发，用一些栓皮来制作小胡子和络腮胡（你可以拿着它们在蜡烛上烧一会儿，等到足够冷却之后再使用），还要在方便拿到的地方准备一包安全别针。樱桃红牙膏则可以用来充当耐用的口红。

表演提示

在聚会上进行的所有的字谜游戏和化装游戏都有一个缺点，就是它们会让处于后台的游戏者花费大量宝贵的时间，而那些在台上表演的人则紧张不安。参加聚会表演的所有人员的第一职责，都应当是尽快确定主题或词汇，然后马上将其表现出来。有很多聚会都是由于后台的人员动作太慢而搞砸的。与繁琐的化装以及完全停滞的表演相比，没有化装道具和某些动作的历史场景或家庭场景效果要更好一些。

雨天游戏

> 在调制儿童食品时，正确的做法是将营养食品弄成小细块，因为儿童还没有充分咀嚼食物的能力，他的胃消化食物的能力还没有完全形成。因此，菜泥和肉丸应该是儿童饮食中的常备菜肴。
>
> ——玛利亚·蒙台梭利

写本章的目的，是为了满足在恶劣天气里被关在家里无事可做的一群孩子的需要。《室内活动与可做之事》那一章是为了给单个孩子提供选择，而此处的几条建议则是供一群孩子参考，当然，前提是不能把家里的设施搞坏。

当然，在本书其他地方介绍的许多游戏，也可以供雨天在室内进行。还有许多适合在客厅或户外进行的游戏，同样也可以在室内完成。所有卡片游戏和十五子棋、西洋跳棋等等游戏，在漫长而无聊的一天里也是很好的选择。不过，有些家庭也保留了其他几种休闲方式，可用于打发无聊的时间。

扔豆袋

上述游戏之一是历史最悠久的扔豆袋游戏。先可以利用某个有雨的上午来制作装备。可以分配女孩子制作布袋，每个6-10英寸见方，并在里面装上一些豆子；男孩子则制作插图中所示的板子。

每种类型的板子都约为3英尺见方，并在背面用东西把它支起来，使其成为一个斜面。在板子上打4个小方洞，每个洞的边长大约7英寸，但中间的第5个小洞要小一些，边长只有5英寸左右。游戏者站在6至12英尺开外（具体距离随着他们投掷技能的提高而增加），想办法将豆袋扔进洞里并且使其穿过去。玩这种游戏有各种各样的规则，你可以根据自身的实际情况加以确定，也可以对规则进行修改。一种方法就是将袋子分成6组，每组为同一种颜色的6个袋子，而每组的颜色则互不相同。游戏者站成一排，同时将手中的袋子投出，尽量在最短的时间内将手中的6个袋子投进洞里。袋子投完之后，他们要迅速地跑到木板前面，将那些没有投中的袋了捡起来，然后跑回投掷线后继续投。最早将所有袋子都投过小洞的游戏者为优胜者。而顺利地穿过木板中间的小洞的袋子计分为2分。

豆袋投掷板

另一种玩法则是轮流投掷，每个人依次将手中的6个袋子全部投完，得分最多者获胜。

投绳圈游戏

投绳圈游戏则是另一种仅仅通过练习就可以提高技能的游戏，也是下雨天孩子们不错的选择。其实，它是一种掷环套桩游戏，很适合在轮船的甲板上玩。任何人只要稍有耐心和细心，都可以制作出绳圈，即将绳索密密地斜绑在梁上，并用线缠上以免两面鼓包，但可以在某一侧有小的凸起。

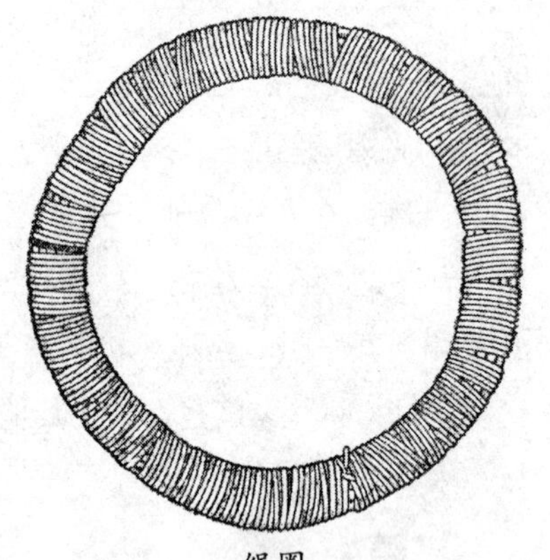
绳圈

再在一块板子上直立着钉上一根棍子（可以在旧扫帚柄上砍下一截，也可以采用一根平直而光滑的、去皮后的小树枝），该游戏所需的所有装备便全部完成了。该游戏的玩法和掷环游戏的规则一样（参考《男孩子玩的户外游戏》），只要多练习，就可以将投掷技能掌握得相当纯熟。像掷环一样，在投掷绳圈时手要放平一点，并且要旋转着掷出，以使它们能够被转着掷出去。

套钉子

将上面的游戏加以改变，也可以用常见的那种大钉子和挂窗帘的铜制圆环来玩这种游戏。将8枚钉子钉在一块木板上，排成一个圆形，在木板上露出1英寸左右的高度。再在圆形的中心钉上一枚钉子，大概露出3英寸高。让游戏者将一些小圆环（例如窗帘环）往这些钉子上扔。每次他们套住一根较低的钉子得5分，套住中间的那枚钉子则得10分。

肥皂泡

吹肥皂泡比赛既好组织，也非常好玩。将一块旧披肩或毯子铺在桌子上或地上，在毯子的两端各垒上两堆书，书堆之间留出空隙以形成“球门”，再给每人一根吹泡泡的管子。一碗肥皂泡就足够游戏使用了。比赛的目标就是看谁能以最快的速度吹出一个肥皂泡，让它停留在毛毯的一端上，然后通过“球门”把它吹向另一端。当然，你要努力控制自己的呼吸，以便你不仅能吹着自己的泡泡直着前进，还能将对手的肥皂泡往回吹。

另一种玩法是在屋子的地板上拉一根绳子，游戏者站在绳子两端离绳子约3英尺处。裁判一声令下，游戏者将管子蘸到装有肥皂水的碗里，吹出一个泡泡，然后想办法让它停留在绳子上。能够成功地将更多的肥皂泡吹落在对手所在区域的绳子上的选手获胜。

抛接子游戏

抛接子游戏是一种很好、很安静又非常好玩的游戏。虽然如今玩这种游戏的人少了，但它仍然是一种非常有趣的室内游戏。一般的玩法是使用带有6个角的小铁块，不过用同样大小的小石子也可以玩。无论哪种游戏都可以进行，而且你也可以自己发明很多种。最常见的玩法如下：首先，将5个小石子抛向空中，然后用手背接住它们。接着，手上抓住4个石子，同时将另一个石子抛起。然后必须将4个石子放在桌子上或地上，同时抢在第5个石子落地之前用手接住它。随后，再次将该石子抛起，将桌子上或地上的4个石子依次或同时抓起，并在第5个石子落地前将其接住。

几乎所有同类游戏都是这种游戏的变种。也就是说，将一个石子抛起，并在它落地之前用其余的石子做各种各样的动作。

打结

另一种适用于雨天的、能让一群孩子感兴趣（一个孩子也可以）的游戏，是想办法解开一些最简单的水手结。这是一种很有用处又很让人感到惬意的成就。一般情况下，与单个孩子相比，几个孩子一起能解开一个比较难的绳结，而在经过一段时间的熟悉之后，就可以举行比赛，看谁能又快又好地打结。给每名游戏者一根晾衣绳（用这种绳子做该练习再好不过了），让其打一个有人称为“套结”或“花式结”的绳结。之后，每名游戏者都必须能尽快地打结。

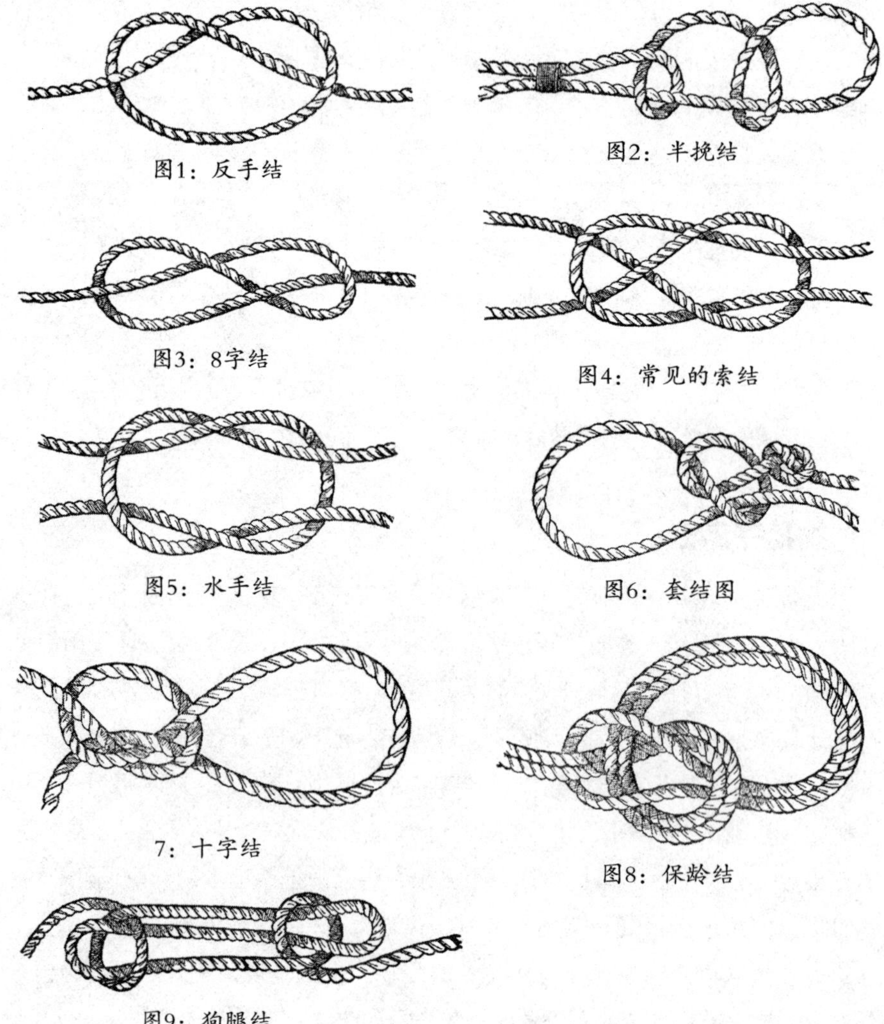

图1：反手结

图2：半挽结

图3：8字结

图4：常见的索结

图5：水手结

图6：套结图

7：十字结

图8：保龄结

图9：狗腿结

用文字来描述怎样打结几乎是不可能的。最好的办法是给出清晰的插图，然后照着图上的去做，直到你能掌握错综复杂的绳结打结法为止。这里给出几种简单的绳结打结法，不过也有很多书会教你打几乎不计其数的结。

选图配谚语游戏

有一种容易进行的竞赛类游戏叫作“即席配插图”。可以用旧杂志充当游戏素材（数量越多越好）。从广告页或插图页剪下图形、装饰物、风景、机器（以及其他各种各样的东西），并将它们全部放入一个箱子或篮子里，搁到桌子中央。给每名游戏者一张纸，并提供一句用于和插图配套的谚语。给每人20分钟时间，让他们挑选与谚语相一致的图片，之后将其贴到纸上，再用铅笔在旁边添上必要的配套材料。最后，对结果进行比较。这些拼补的图片有着惊人的多样性和创造性。这种游戏可以在孩子生病后即将痊愈的时候进行，也不一定非得选一句谚语用于配图，随便确定一个带有暗示性的标题都可以。这里，我们给出了几个比较多变而又有创意的例子：

艰难时刻。

患难同伴。

这就是我忙碌的一天。

“我不知道这里面装了子弹。”

他最骄傲的一刻。

不幸的实验者。

朋友的特长。

吓死我了。

鸭子难得的好天气。

“你不想来点儿吗？”

“我们来画一幅美丽的图画怎么样？”

忙得不可开交。

没有造成伤害。

“我并非有意而为。”

梦寐以求当演员。

伟大的成功。

“待会儿见。”

床头吵架床尾和。

狭窄的逃生通道。

幸福的一家。

和平缔造者。

一位快乐的母亲。

打圆盘游戏

有一种通常在甲板上玩的游戏，经过改装后，也可以非常方便地用于雨天在室内进行。这种游戏便是打圆盘游戏。找一张长条桌（以摩擦上面的游戏板也不会使桌子损坏为宜），再在上面放一块普通的、表面光滑的厚木板，尽可能做到2英尺宽、4英尺长。在木板的一端画上如示意图所示的图形，大小为10英寸长、8英寸宽。在木板的另一端离边缘约4英寸处画一条直线，准备玩游戏的时候，要将“钱币”放在不超过这条线的位置上。“钱币”可以是跳棋的棋子（或者圆形的木片），可以是25美分的硬币，或者较大的扁平状纽扣，不过圆形的铅块是最理想的，因为它分量足。你的击打杆应该是如图所示的特殊形状的工具，大约1英尺长，不过，任何一个顶端带有V形弯的杆状工具都可以圆满地完成一次所谓的“铲推”。

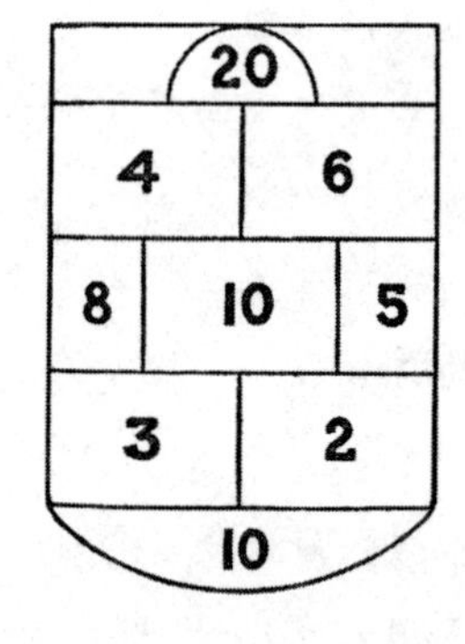

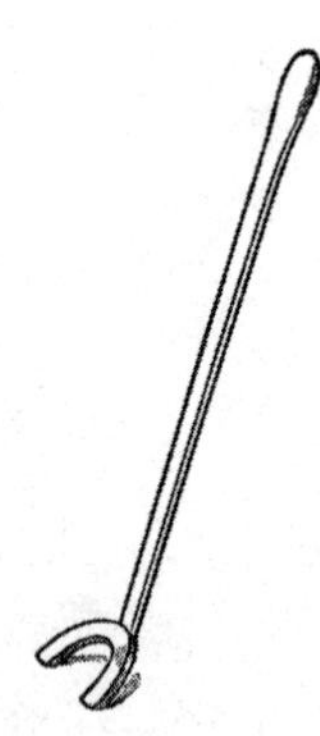

不过，如果你想在游戏中即兴发挥，也可以用普通的直尺或一根长铅笔将筹码推出，甚至可以用指甲猛地一推，不过这样做容易受伤。

每名游戏者都有6个筹码，先玩3个，也就是说，让某个人在游戏开始时，先将自己的3个筹码推向木板的另一端，要想办法使其落在分值最高的区域。下一个游戏者接着将自己的3个筹码也铲出去，但他不仅要尽量让自己的“棋子”落到合适的位置上，而且当对手的“棋子”的位置很好时，还要将它们挤出去。当大家轮流进行完游戏之后，第一名游戏者再将自己剩下的3个筹码铲出去，然后依次进行，直到所有游戏者都铲完筹码为止。每轮游戏结束之际，要对木板进行认真的检查，每个人都要将自己“棋子”所处区域的得分相加，得到总分。接着游戏继续进行，直到某个人率先得到满分（比如100分或50分，也可以根据选手的技术水平确定其他数值）为止。

每名游戏者的筹码应该和其他人的筹码有所区别，办法是在筹码上面做上不同的标记。玩游戏的时候，不能一直将它们向前推很远，而必须用“铲子”猛力地一击，“铲子”的头部不能越过用于标明筹码起点的直线。如果筹码停在线上或者压线，都不能计分。通过不断的练习，你的技术水平可以达到很高的层次，而用这种游戏打发枯燥的时光也从来不会失败。

雨天是练习各种技巧和解决各种难题的好时机，你可以通过此类游戏，使自己的水平不断得到完善。

平衡技巧

有很多平衡技巧类游戏既容易玩又富有创意。大多数此类游戏的秘诀都是将重心降低，一旦领会了这个要领，你就能够找到适合自己的方法了。例如，可以将一个茶杯放在一根铅笔的笔尖上保持平衡：将一个软木塞塞进茶杯的杯柄（木塞要大到足以牢固地塞进去），在软木塞上插一把叉子，有两个叉头分别置于杯柄两边，而叉子的把位于杯底以下。（如图1所示）这样，这个组合体的重心就降低了，而如果你稍加实验从而多掌握些技巧，那么就可以将这个组合体整个稳定地置于一根铅笔的尖端而保持平衡了。

你还可以将一枚立着的硬币放在针尖上保持平衡。将针牢固地插在某个瓶子的瓶盖上，在一个软木塞上开一道小口，将硬币牢牢地嵌进去，然后在软木塞的两侧插上两把叉子，再将它们放在针尖上。（如图2所示）

在这些技巧游戏中，最简单的玩法是让一支铅笔在你的指尖上保持平衡，方法是在铅笔的两侧各插一把小刀，然后将铅笔放在指尖上。（如图3所示）

在一个软木塞上插两把叉子，这种组合体几乎可在任何地方保持平衡，例如把它放在一个正在倒液体的瓶子的瓶颈上。（如图4所示）

根据这一法则可以制作出一些好玩的玩具。例如用胶水将很轻的木头或木塞粘在废弃的子弹扁平的那一面上，便可以制作成“不倒翁”。无论你怎样将它打倒，它都会马上再立起来。

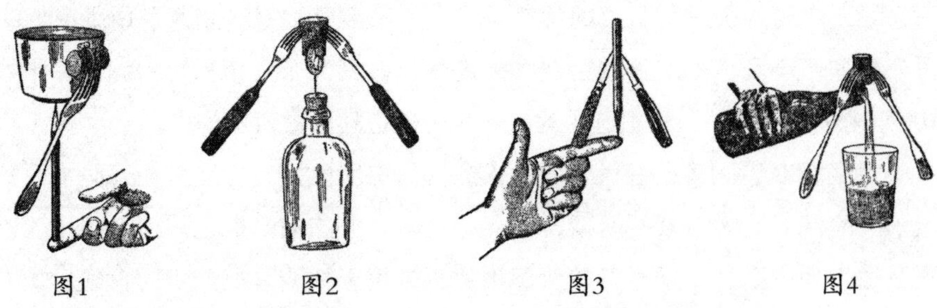
图1　图2　图3　图4

跳舞的鸡蛋

另一个需要通过练习来掌握的技巧类游戏是使一个鸡蛋“跳舞”。将鸡蛋煮硬，使其始终处于直立状态。将一个盘子底朝上放好，将鸡蛋放在上面。以越来越快的节奏转动盘子（但要使盘子始终保持水平），鸡蛋在旋转的同时，会始终尖头朝下保持直立状态。

跳舞的豌豆

豌豆在气流中也能“跳舞”，就像你所看到的橡皮球在一汪泉水中可以起起落落一样。找一截大约3英寸长的陶管，将其一端塞进一个圆形的小杯子里（可以用小刀或锉刀小心地将陶管截断）。在一颗较大的圆形豌豆上交叉地插两根大头针，并将一根针的顶端搭在管子上。将管子保持垂直状态地放在你的嘴巴上方，通过管子轻轻地吹气，豌豆便会上下“跳舞”。

玻璃制造工

另一个经常玩的技巧类游戏是用钉子模仿玻璃制造的过程。将一根普通的橡皮筋一分为二，将一个弯曲的钉子粘在它们中间。用手各拿住橡皮筋的两端，快速地转动（转动时要将橡皮筋稍微向两边拉扯）。旋转的钉子立即会呈现出一个微型玻璃瓶或平底玻璃杯的模样，而且它的形状可以千变万

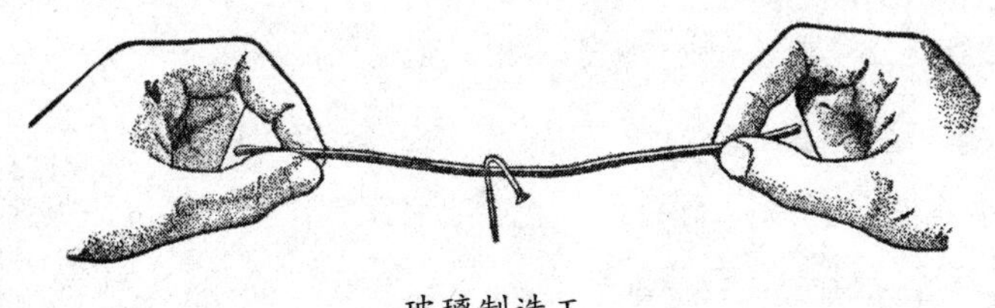
玻璃制造工

化。如果在屋子的其他地方保持黑暗的情况下，将一缕强光照射在钉子上，则效果最好。

摩擦生电

通过将电荷附着在纸上，可以玩各种各样的技巧类游戏。将普通的封蜡在皮衣的袖口上轻轻摩擦一会儿直到其变热，便可以用它吸引细小的纸屑，或者其他类型的软纸。通过这种方法，可以将跳棒游戏[①]加以变化后再玩。将一堆标有数字号码的细纸屑堆在桌子中央，让每名游戏者都用一块封蜡，在最短的时间内想办法将标有最大数字的那张纸屑吸出来。这是一种非常让人着迷的游戏，在极短的时间内稍加准备就可以进行。纸片不一定非得是绢纸，其他类型的细纸也可以。纸屑的大小大约为0.25英寸宽、1英寸长，数字可以标到20为止。游戏者必须将它们依次从纸堆里吸出来，然后放到游戏者面前的纸堆里，而且不允许让手指碰到纸屑。你会发现，将纸屑从封蜡上抖落下来往往要比用封蜡吸住它们更难。当然，你必须保证每次吸到的纸屑是一堆纸屑中所标数字最大的那一张。

用这种方法也不难让带电的“小人”“跳舞”。从薄纸上将一些“小人”剪下来，放到桌子上。在“小人”的两边各放一本厚书，然后在书上搭一块玻璃板，离桌面约1.5英寸高。用一块绒布在玻璃上剧烈地摩擦，玻璃板下面的“小人”便会上下“起舞”。

起死回生

将一把橡胶梳子在一块绸布上摩擦，之后梳子就会吸引细小的纸屑、羽毛或羊毛。通过这种方法，可以发明各种各样的游戏，例如“起死回生”游戏（即将小纸人从书本或盒子围成的“坟墓”里吸引起来，使其呈直立状态）。

① jack-straw，将很多草根或细棍放在一起，游戏者依次试着每次拣起一根，不得触动其他草根或细棍。——译者注

女孩玩的户外游戏

> 我们必须将体操和一般的肌肉训练作为促进生理发育（如走路、呼吸、说话）以及保护这些运动正常发育的一系列训练。当孩子显示出发育迟缓或异常时，就应该鼓励他们去做有助于基本生活技能的运动，如穿衣、脱衣、扣衣、系鞋带、拿物品等。
>
> ——玛利亚·蒙台梭利

适用于女孩子的户外游戏和适用于男孩子的户外游戏大同小异，不过考虑到描述的方便，这里还是分开介绍。

跳绳

常见的跳法对我们大多数人来说就已经很好玩了，不过对那些还不满意的玩家来说，可以尝试一些与众不同的玩法，例如让跳绳每转两圈跳一下，然后脚再着地。要想做到这一点，仅用一根简单的绳子是不行的，你必须用鞭绳制作一根新的跳绳，并在它中间的位置绑一根约一脚长的小链子。这样做可以增加跳绳的重量，以便跳绳在空中飞舞时的速度更快。

占金山

第一个扮演“金山”的游戏者站（或坐）在为她画定的“花园”（或屋子）里面装睡。其他游戏者“涉险”向她的地盘靠近，嘴里喊着：“我们现在来到了金山，拾取金银。”随着第一位游戏者仍然假寐，其他人的胆子越来越大，直到第一个游戏者突然“惊醒”并冲向她们为止。被她抓住的人随后要扮演“金山”。但是扮演“金山”的游戏者或许不能越过划定的边界。

沉睡的石头

这是另一种“占金山”游戏。一名游戏者蜷缩在那里假装成一块石头。其他人向她跑过来，但她始终显得没有生命迹象，而其他人也离她越来越近，并且胆子越来越大。但在某个时候，“石头”会突然跳起来，并开始追逐她们，而被她抓住的人则成为“沉睡的石头”。

母鸡与公鸡

比“占金山”还令人兴奋的游戏是“母鸡与公鸡”。在该游戏中，一名游戏者扮演狐狸，狡猾而又饥渴地坐在地上环顾四周。其他人都扮演母鸡和公鸡，她们排成一路纵队，用双手抓住彼此的衣裙或外套，从“狐狸”身边走过，还轮流念念有词：

小鸡小鸡欢快地啼叫，我到井边洗我的脚，当我回来的时候，发现一只小鸡死掉了。

随后，她们相互放开手，围着“狐狸”站成一圈，为首的“母鸡”则说道：“你在做什么，老狐狸？”“狐狸”答道：“我在生火。”之后的对话如下所示：

母鸡：生火做什么？

狐狸：烧点水。

母鸡：烧水做什么？

狐狸：烧水煮小鸡。

母鸡：小鸡从哪里来？

狐狸：从你的鸡群里抓。

“狐狸”一边说着这些话，一边一跃而起，而“母鸡”和“小鸡”们则四散逃开。被抓住的“小鸡”下一轮将扮演狐狸，而“老狐狸”则成为新的“母鸡”，并充当“鸡群”的首领。

埃赛克斯的孩子们玩同样的游戏时，会让一个“老妇人”代替上面的“狐狸”，而且台词也不一样。在这种游戏中，“母鸡”和“小鸡”排成一列，站在某个扮演一位哭泣的老妇人的游戏者面前。随着队伍向前行进，为首的“母鸡”唱道：

小鸡小鸡，出来吧，出来吧。小鸡小鸡，出来吧，出来吧。老鹰已经飞走，乌鸦已经熟睡，我的小鸡们该找点儿东西吃了。

之后，她们放开彼此的手，围着“哭泣的老妇人”站成一圈。“老妇人”和“母鸡”首领之间的对话如下：

母鸡：可怜的老妇人，你哭什么呢？

老妇人：因为我的针找不到了。

母鸡：你要针干什么？

老妇人：我要用它来缝个袋子。

母鸡：你要袋子干什么？

老妇人：我要往袋子里装盐。

母鸡：你要盐干什么？

老妇人：我要盐来炝锅。

母鸡：你要锅干什么？

老妇人：我要用锅煮你的小鸡吃。

随后，“老妇人”一跃而起，试图抓住一只“小鸡”，而“母鸡”则竭力阻止她抓到。

其他花园游戏

本书其他地方描述的许多游戏也同样适用于在花园里进行，例如“站住！别动！”“墙角的小猫咪”“蜜罐”“五月的坚果”“我在这里烧烤”“女王安妮”“桑树丛”，以及“卢比”等等。

由民谣演变而来的游戏

另一个带有地域色彩的游戏是这样描述的：该游戏由游戏者最喜欢的民谣演变而来。这个游戏共有4人参加，其中最年长者（同时也是最佳组织者）扮演严厉的父亲，最小的女孩扮演美丽的女儿，另外两个人分别扮演邪恶的追求者和忠诚的武士，但忠诚武士一角一般由4人当中身手最敏捷的人扮演，因为这样他就可以对付父亲和邪恶追求者联手之后的攻击了。游戏开始时，美丽的“女儿”被关在一个地方，因为她拒绝和“邪恶的追求者”“成亲”。（当然，她会想方设法逃走。）在这里，她要等待自己心爱的“武士”来营救她，随后他们一起逃走，但会遭到另外两个人的追赶。如果这对“情侣”成功逃脱了，那么这个故事就有了一个美妙的结尾，但更有戏剧性的结尾却是悲剧性的：忠诚的武士被打倒，而在杀死严厉的父亲和邪恶的追求者之后，武士也因伤而死，美丽的女儿则用武士的剑自杀，倒在心爱的人的尸体旁边。

如果有围栏的限制，该游戏的趣味性会大大增加。围栏由一排排木棍组成，竖在一些特定的角落。不同的围栏要做不同的标记，这样你自己的围栏就可以和“敌人”的围栏区别开来了。例如，“忠诚的武士”用去皮的木棍制作围栏，而其他人的围栏则由未去皮的木棍组成。当大家在屋子里追逐时，如果你撞到“敌人”的一组围栏，那么就必须先将它们全部推倒才能继续前进，因为它们的任务是保护通道。因此，“情侣”在逃跑时，如果发现去路被“父亲”的围栏所拦阻（“父亲”和“邪恶的追求者”应当各有自己的围栏且相互分开，因为两个“情敌”之间的战斗始终是最激烈的，所以“父亲”的围栏通常是为了保护“女儿”而建立的），他们就必须首先推倒围栏，但这样做就会给追逐者留下宝贵的时间。但是，如果他们与追逐者的距离拉得很大，那么他们就可以停下来在“敌人”的围栏处竖起自己的围栏，这样就为他们自己留下了更多的逃跑时间，因为那两个男人也必须将“武士”的围栏推倒之后才能继续追赶他们。无论是哪种情况，都不允许将“敌人”的围栏直接拿走。如果这对“情侣”的围栏被推倒了，那么两个年轻人就只能面对面战斗，但这样一来，“父亲”就可能会再次抓住“女儿”，并且将她关起来。

菊花链

制作一个菊花链的老办法，是劈开一枝菊花的根，将另一枝根从其中穿过直到顶部，如图所示。这种制作方法适用于户外。如果你用菊花链来作室内装饰，或许更应该将菊花的根砍去，并用棉线将它们的头部穿起来；不过，运用这种方式来制作菊花链的必要性似乎也不大。

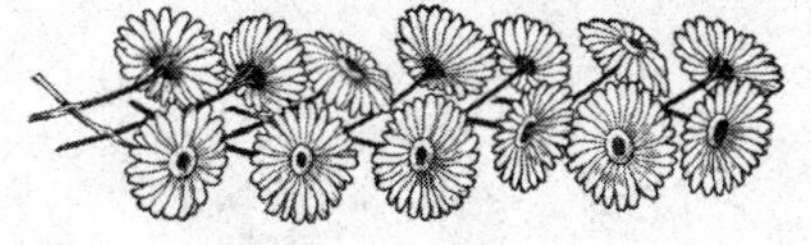

常春藤链的制作方法是：将一片藤叶的根穿过另一片藤叶的顶部，然后将根弯曲穿过它自己的叶片顶部，而由此形成的小洞则用于穿下一片藤叶，依此类推，如下图所示。

花展

花展赛是一种很好的园艺游戏。将一方大手帕顶在几根棍子上搭成帐篷。在帐篷下面做一块沙床，然后将一些或单枝或成束的花朵固定在沙里。游戏者很容易就可以从屋子里叫出几个人来担任评委。

花园小店

在花园或室外开店也能成为游戏，可以用类似于食品的东西摆出各种各样的“商品”。在这里，你可以从酢浆草里提取优质咖啡；找一片大黄的叶片，并将其从主叶到根茎的一段剪去，就可以制作成大黄束；用一些小石头可以惟妙惟肖地代表土豆；而在盘子里放几片雏菊的叶子也很容易冒充荷包蛋。

用花朵表意

在这种游戏中，为了让大家从花朵或植物中发现某种奇妙的事物，应该说一句用于解释的话。如果你在九月的日子里将一株硕大的蕨类植物砍到只剩很短，就可以看到一棵舒展的橡树。在三色紫罗兰中可以隐约看到有个人坐在讲坛上。罂粟很容易变成一个身着红袍的老妇人。金鱼草的两侧收紧的时候，可以变成人打哈欠时的模样。锦葵中含有细微的奶酪。将快要成熟的蒲公英上的绒毛吹掉，你可以预测当时的时间（或多或少还是有些准确性的）。苹果的种子可以制作成敏捷的小老鼠。

凉亭

如果花园里没有凉亭或帐篷，可以用晾衣架和小垫子做一个。

男孩玩的户外游戏

> 我们必须培养属于生物因而也属于自然界的人去适应社会生活，因为虽然社会生活是人的特殊工作，但它也必须符合人的自然活动的表现。但是，我们在培养人适应这种社会生活的时候，却很大程度上忽略了他在生命初期是植物生物的这一有利因素。
>
> ——玛利亚·蒙台梭利

本书适合的读者是那些在自娱自乐方面需要帮助的孩子们。不难理解的是，发明出适用于室内进行的游戏有些难度，特别是当人数很多时，选择娱乐方式的难度更大；不过，如果将一些健康的男孩子放到户外，就不必担心他们不会营造合适的娱乐环境了。可做的事可谓数不胜数，而那些毫无情趣以至于在室外和一大堆孩子在一起时都不知所措的孩子，肯定得不到什么乐趣。因此，本章并不打算白费力气地详细列举户外游戏的清单，而只介绍那些有启发意义的，或者说能根据你的创造能力加以千变万化的游戏，甚至可以说是一系列相关游戏中的“源游戏”。

此外，一些常见游戏的规则，我们这里也没有加以阐述（例如棒球、足球、曲棍球等等），因为有很多小册子都有介绍它们的规则，你在购买类似游戏的装备时，它们会被作为附件一同出售，而那上面用印刷体介绍的规则，要比本书所能介绍的详细得多。除此之外，大多数男孩通过自己的领悟和理解，很快便能掌握这些游戏的相关知识，所以他们只需要一本书来了解规则的某些细节、难点或争议点就行了。

在户外时，所能进行的最好的活动之一便是球类游戏，而球类游戏运用的变化之多，非任何一个人所能穷尽。

球类游戏

用球所能做的最简单的事，就是把它抓住；谁能尽快将球抓得又快又好，谁就能成为更好的棒球选手。一般性的在圆圈中抓球当然也不错，但是，倘若你每次投球时都能使接球选手在不必移动双脚的情况下就能接住球，那么这样的练习对你会更有益。这样做也能提高你的直接投球能力。又远又高的投球和接球，以及力量很大的投球和接球（投球人和接球人相距很近，但这需要你们胆子大一些），这些都很重要。还有一种躲避式接球，也就是投球人假装将球投给某个游戏者，但实际上却投向另一个人，从而让后者措手不及。所有这些游戏都可以加以变化或者改变难度，例如规定用一只手（左手或右手）去接球。

单人球类游戏

男孩子只要手里有个球，就绝对不会感到孤单。当以常见的方式抓着球令他感到厌倦时，他便会练习将球直接抛向空中，直到在他原地不动的情况下球每次又完全落到他手上为止。他可以将球抛起，再在自己的身后抓住它；如果他还有两个球（或者是石头也可以），他就会尝试着像变戏法的人那样，将三种东西同时抛向空中。每个男孩都应当练习用左手投球（如果他已经是左撇子，就练习用右手），这是一种非常有用的练习。如果是橡胶制的实心球，而当时又有一面空墙，那么他可以让球从不同的角度弹回来。在投球时，让球先触击离墙脚较近的地面，而从墙面上弹射而回。他还可以娴熟地先用右手接球，然后再用左手接球，反复100次；或者用一个网球拍或平板击球100下。有一种有趣的玩法是围着花园建造一个小型高尔夫球场，每隔6码左右的距离便挖一个小洞，看看让球每走一圈并在途中滚进每个小洞需要击打多少下。

赛跑

各种赛跑都很容易组织，而且随着你的技艺不断精进，这些比赛还可以每天重复进行。以下介绍几种。

西班牙赛跑（有时候也叫“独轮车赛跑”）是这样玩的：男孩子们站成前后两排，前面一排的男孩用双手和双膝着地。一声令下，比赛开始，后面的每个孩子都抓住前面一排孩子的脚踝处，使其双膝离开地面。这样，前面一排的孩子就用双手行走，而他后面的孩子则推着他向前进，速度要尽可能快一些。最先到达终点的一对搭档为获胜者。

比赛还可以用右腿或左腿单跳进行，也可以双腿同时跳跃，或者先是一次单腿跳，然后来一个双腿跳。在这些比赛中，最好指定一个男孩担任裁判员，看看大家是否公平赛跑，而且事先约定的任何一条规则都不能违反。

套袋跑非常有趣。每个男孩的身体都被套在一个麻布袋里，然后他们拖曳着向终点冲去。如果没有麻袋，也可以进行三腿赛跑，以两个孩子为一组来进行。两个男孩并肩站立，一个孩子的右腿和另一个孩子的左腿绑在一起，这样，他们一起用“三条腿”向终点跑去。

此外还有手膝着地赛跑、反向跑（背朝终点赛跑）、后背负重赛跑或者将一根杆子放在手上或指尖上保持平衡然后赛跑，只要你想得出，这种比赛根本没有什么局限性。

不过说到底，最好的跑步比赛还是单纯而传统的速度比拼。没有什么比一次出色的选手赛跑更有意思，其次是竞走比赛。自行车赛危险性较大，应当始终选择比较宽敞的跑道。

套桩游戏

如今的套桩游戏不像过去那样在美国男孩当中玩得那么多了。这种游戏很好组织，因为尽管在玩具店里有制式装备出售，但自制的装备也很好用。游戏的装备由一些马蹄铁和一根立在地上的木桩组成，准备这些东西对大家来说当然不是什么难事。根据成年人的玩法规则，木桩露出地面的部分不能超过1英寸，而游戏者应当站在离木桩15码以外处（木桩有时候也叫“投掷中心”）。不过，对男孩子来说，离投掷中心的距离可以根据其投掷水平自行确定。随着水平的不断提高，这一距离可以逐渐加大。每名游戏者都有一定数量的铁圈（马蹄铁），并站在离投掷中心一定距离处，认真地将铁圈投出去，使其尽可能地靠近投掷中心。有些水平很高的玩家能使投出的铁圈落在木桩上，叫作“套桩”，计10分，但是这种情况比较少见。当每个游戏者都投完铁圈之后，大家都来到投掷中心统计得分。落地点离投掷中心最近的铁圈每个计1分，但是每个打算计分的铁圈离投掷中心的距离都要比对手的铁圈距离更近。按照这种规则，大家将分数统计完毕。一般情况下，以11分为满分。如果没有马蹄铁，也可以用扁平的石头代替，而游戏规则也可以相应地加以更改并确定。

岩石上的鸭子

“岩石上的鸭子”是“套桩”游戏的变体，非常好玩。先通过计数的方法确定一名游戏者，他要将一块和自己拳头大小相当的石头（在游戏中叫作“鸭子”）投到一块平坦的岩石上方，然后自己站到石头旁边。所有其他游戏者都有类似的“鸭子”，他们都将石头投出，并试图将岩石上的那块石头（或者“鸭子”）打走。每个人在投出“鸭子”之后，都要等待接近这块石头的有利时机，并趁岩石上旁的人不注意时，将自己投出的石头取走而不被岩石旁的人抓到。当某人将岩石上的“鸭子”击倒时，岩石旁边的那个“捉人者”就必须将自己的“鸭子”尽快取走，然后加入其他游戏者的行列。当然，这也就使得所有游戏者都有充足的时间取回自己的“鸭子”，然后回到自己之前所在的位置而不被“捉人者”插队。如果某个游戏者在救回自己的“鸭子”时不小心被“捉人者”碰到，那么此人就会成为“捉人者”，把自己的“鸭子”放到岩石上。

保龄球

保龄球是一种最好的体育运动，但它通常需要很多装备，一般的男孩子不容易拥有。不过，可以用一些很简单实用的方法来解决这个问题，例如竖9根木棍来充当木瓶，然后用圆形的苹果击倒它们。只要发挥想象力，能找到的材料就有很多。

跳房子

跳房子是一种非常好玩的游戏，尽管画格子的方法各种各样，但这一类游戏几乎不需要过多地介绍。参加游戏的人数不限，每名游戏者都要在单脚着地的情况下，将一颗小石子从格子中的一个地方踢到另一个地方。可以用一根尖头木棍将格子画在一块平地上，也可以用一支粉笔将其画在人行道上。最常用的图形如下所示。

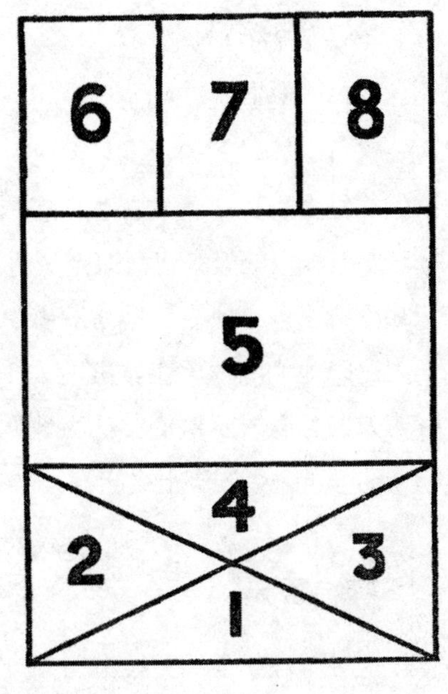

游戏开始时，一名游戏者先将一块小石头（或木块）放在标有1的格子里，然后用右脚单脚跳进格子内部，将石子踢出图形之外。随后，他自己也单脚跳出格子，并将石子（仍然用之前单脚跳的那只脚）踢进标有2的格子。他要从格子1单脚跳进格子2，并再次将石子踢出图形，再从格子2跳出。之后的顺序照此进行，直到他将石子在图上的每个格子里都先踢进后踢出，但前提是他不能踩到线，也不能将石子踢到压线的位置上。如果出现这种情况，他就要退回一格，并将机会让给下一位游戏者。每个人都将游戏进行到自己犯错为止，当再次轮到他玩的时候，他将从上次终止的格子继续游戏。而最先到达规定的数字格的游戏者获胜。

实际上，这一游戏的变化不计其数，不仅画出的图形可以变，规则也可以改。有时候，如果参赛者水平非常高，还可以按照逆序进行游戏，而有时候，会要求游戏者在结束游戏的时候将石子放在脚尖上并将其踢向空中，然后用手接住它。

力量角逐

各种各样的力量角逐都是男孩子钟爱的户外游戏，只要制定的规则明确而持久。“夺棍”是一种很好的运动，但是要求参赛的男孩子们体形和力量都适中。让两个男孩子面对面站立，各用左手握住一根长约3英尺的木棍（或扫帚柄）的一端，且每个人的右手都要向前伸直，也就是说，握棍的手要尽量靠近棍子的尾部。比赛开始后，每个人都要想方设法从对方的手中将木棍夺过来。这种游戏听起来简单，但通过练习却可以学会很多技巧。从围观者看来，没有哪一次角逐能持续2分钟以上时间，参赛的男孩子便要停下来喘气了。比赛中不能用脚，但是，当你像摔跤比赛中那样快要倒在地上的时候，是完全允许你使用身体来保持平衡的。

兔子与猎犬

“兔子与猎犬”的游戏既可以在乡村玩，也可以在城市玩。尽管一开始需要进行一段时间的跑步，但这种游戏非常有趣。在兴奋的追逐过程中，男孩们往往会忘掉自我或者非常疲劳。“兔子”由两名游戏者扮演，他们拿着一个装有纸屑的袋子，一边跑一边不时地将纸屑撒向身后。通常他们要提前5至10分钟出发，所有其他游戏者扮演的“猎犬”随之紧随其后，根据地上的纸屑追踪他们。如果在城市里，“兔子”可以用一支粉笔在墙上画出箭头来标明方向，以显示他们往什么地方跑了。由于要跑步，因此游戏者要穿结实耐用的鞋子，否则脚上会起泡。

打狗棍

这种游戏适合于在城市的人行道或平坦的乡村公路上进行。它的名称有很多，以至于很难说哪个名字是对的，不过有个常见的名称叫“打狗棍”。这种游戏的玩法类似于曲棍球，双方的目标就是使一个球或目标物越过对手的球门线。在该游戏中，“球”并非真的是个小球，而是一块可以自己制作、形状奇特的木块，形状类似于一个扁平的球，但有一个尾巴。进行游戏时，你要用手中的球棒或棍子击打球的尾巴，使球弹向空中，然后，在它落地之前，用球棒将其击向对手的球门线。参与者分成好几组，一组守门，另一组负责将对方击过来的球回击向对方的球门。只要公平公正，根据经验来制定规则即可。

其他游戏

在五花八门的室外游戏中，我们不应忘记由跳背游戏（即一孩子以手撑地、弯腰，让其他孩子从背上跨越过去。）衍生出来的各种游戏，这其中，长跑、跳远、跳高等都是很不错的项目。高跷以及在高跷上进行的各类游戏，同样也是很好的游戏资源。此外，随着季节的变化，爬山、放风筝、弹子游戏等等也都应运而生了。作为本部分的结尾，我们在这里对此类游戏进行一下非常简要的描述，不过，男孩子可以根据自身情况制订相关规则，也可以依据地域的不同而改变规则。

弹子游戏

在弹子游戏中，游戏者首先需要了解的是手持弹子的正确方法。不用说，如果弹子是球体，用手将它弹出去，或者将它放在拇指指甲与食指第二关节之间，再用拇指将它弹射出去，这些动作都不能说错，也能玩得很精彩，但其都不是最正确的手法。正确的手法是将弹子放在食指指尖与拇指第一关节之间来弹射。弹子分为“石弹”（或可以用于弹射的质地上佳的大理石块）和“土弹”（或者常见而便宜的彩色大理石块）。“土弹”可以用于发射，也可以用于扣分。

打弹出圈

两三个男孩如果手中握有弹子，绝对不难想出用它们可以玩什么游戏，不过，最适合于几个人玩的游戏还是“打弹出圈”。找一块平坦的空地，在上面用粉笔画一个圆圈，每个游戏者都在上面放一个土块，彼此距离要相当。之后，在离圆圈约2码远处画一条用于第一轮比赛的弹射线。游戏开始时，第一组游戏者享有在弹射线发射石弹的权利（这种权利很实惠），并向圆圈中的某一个土块发射石弹。如果某个游戏者将某个土块弹出了圆圈，那么这个土弹便归他所有，他还有权从自已的石弹所在的位置弹射；但是，如果将圈中的土弹弹射出圈，但他自己的石弹却原地不动（或者只要他的石弹原地不动，不论其他条件如何），他就要将自己赢来的所有石弹都放进圈子里，只留下一个用于罚分，并要等到下一轮游戏开始时才能上场。

“打弹出圈”游戏最少可由两个人来玩，不过，如果是这种情况，他们必须都在圈子里放几个石弹。

确定首先弹射权的方法有很多，常见的是所有游戏者都从弹射线向圈中弹射石弹，石弹的最终落点离圆心最近者享有优先权。

其他游戏

其他适用于男孩子的花园游戏可在《野餐时的游戏》中找到。我们也已经介绍过“量步伐”、“拔河”和“捡土豆比赛”等游戏了。

野餐时的游戏

> 手工劳动和手工锻炼的区别在于两者的目的不同院后者是为了锻炼双手，增强体质，完善个人；而前者则是为了完成特定的任务，生产出对社会有用的产品，增加世界的物质财富。
>
> ——玛利亚·蒙台梭利

野餐既可能是很复杂的事，你在前一天要忙乎一整天；也可能是很随兴的一次远足，你只需要凭着冲动临时安排就行了。如果是后一种情况，那么往往会更有意思。户外的任何地方几乎都可用于野餐，不过如有可能，最好是在靠近水源处。野餐吃什么、怎么做都可以，不过，如果有年长者陪同，如果可以在野外生火做饭，那岂不更加开心？这些事听起来很难，但做起来未必难，而且还会给午餐增添无穷的乐趣。咸肉是在野外最容易做熟的食物，你只需要将自己砍伐的树枝支起来就可以了。将肉片穿在树枝上，放到火上烤，每个人可以烤自己的那一部分，然后放到面包上裹起来食用。如果有两根较大的树枝叉到一起，还可以为所有人烤一份美味的牛排或猪排。将石头垒起来搭成一个灶膛，上面可以放置咖啡壶，并在另一个类似的灶膛上煮土豆，这些都是既非常简单又十分快乐的事。你会发现，将许多较小的火堆彼此完全分开点燃，要比燃起一大堆篝火好得多，因为大火一旦烧起来，就无法控制火势了。我们还可以看到，用一大块咸肉就着两块面包和生土豆做午饭，要比花数小时制作三明治和罐装饼干容易得多。除此之外，在野外烹饪的美食吃起来总是更有味道。在回家之前，一定要熄灭哪怕一点点的火星，也不要将纸屑留在现场，将蛋壳到处乱扔。这些东西要么烧掉，要么埋掉。

捉迷藏

有时候，捉迷藏也是不错的热身游戏。它是所有游戏中最简单的一种。“捉人者”蒙上眼睛追逐其他人，直到捉到某人为止。被捉到的人随即成为“捉人者”。

摸树

这个游戏如其名称所示，就是这么玩的。如果你没有摸到树，那么你就要出局。在有树的地方，这个游戏很好玩。当然，如果让人手上拿着木头让你摸，那就对你不公平了。

抓路人

这也是常见的“抓人”游戏，只不过当“捉人者”追逐某个游戏者时，另一个人会从他们两个人之间穿过，此时，“捉人者”只能放弃追逐最先要抓的那个人，转而去追横在他面前的人。

这一游戏有一种很好的变体游戏叫作“法国式抓人”。最先被抓住的人要抓住“捉人者”的手，其他人则依次站在被抓住的人身后，一直排成一长排并共同奔跑。队伍中的每个人都可以躲避，如果最早的“捉人者”抓到了某人，那么被抓住的人就要成为“捉人者”。

小狗

游戏者围成一圈，只留一个人在圈外。留在圈外的人一边绕着圈走，一边唱道：“我有一只小狗，它不会咬人。”他嘴里唱着，手上用一个带结的手帕挨个儿去碰每位游戏者。“它不会咬人”，“它不会咬人”，他逐个唱着，突然却将唱词变成“但是它会咬你”。在他嘴里唱这句话的时候手帕碰到的那个人，要立即起身，不遗余力地去追他。一旦追上，他们两个人就互换角色。

捉松鼠

所有游戏者组成一个圆圈，只留一个人在圈外。此人手拿一块打结的手帕，在圈外围着圈子走一会儿，然后将手帕丢在某个游戏者身后，并立即跑开，嘴里喊道：

“快在树林里捉松鼠。我现在找不到他了。哦，我找到他了！快在树林里捉松鼠。”

背后丢有手帕的游戏者必须抓住“松鼠”，然后丢手帕的人取代追人者留下的空位。倘若丢手帕的时候，圈中的相应游戏者好半天没有发觉有人在其身后丢手帕，那么游戏就更有意思了。

过去乡村的孩子在玩这种游戏的时候（经常称其为“丢手帕”），玩法略有不同：当拿有手帕的孩了在圈外游走的时候，圈子里的所有人都要唱歌。

“漂亮的花篮！黄绿相间的花篮！我要给我爱的人送一封信，却发现找不到信了。我找不到了！我找不到了！你认为我能在哪里找到它？在天上？那太高！天使们围着它呢。”

在重复“我找不到了”的时候，圈外的游戏者必须将手帕丢下，但是圈中的人谁也不能回头观望，直到将歌唱完为止。之后，发现身后有手帕的人必须全力追逐丢手帕的游戏者，而后者则反过来想方设法溜进追人者留下的空位处。

缺口

游戏者围成一圈，只留一个“捉人者”在外面。此人围着圈子奔跑，猛然摸一下圈中的某个游戏者。之后，这两个人都要立即朝着相反的方向奔跑，每个人的目标都是率先补上被触摸者离开后在圈中留下的缺口。最先补齐缺口的人仍然留在圈中，剩下的那个人则成为“捉人者”。

二三变换

这是一个非常好玩的野外游戏。所有游戏者围成一个大圆圈，只留两个人在外面。圆圈中的每个位置都站两个人，一前一后，成为一对搭档。圈外面的两个人中，一个是追逐者，另一个是被追者。游戏开始时，被追者要想办法在圈中的某对搭档身前占据一个位置（只要在追逐者抓到他之前做到这一点即可），这样这组搭档就成了三个人。只要实现了这个目的，被追者就安全了，而这一组搭档中的最后一个人就必须去奔跑，去抓那个仍在圈外的人。任何人只要被抓，就成为追逐者，而那个抓住他的人则成为被追者，直到被追者占据了某对双人搭档身前的位置，就将自己的角色转让给了该组搭档最后一个游戏者。

躲猫猫

“躲猫猫”可能是无需任何道具的最佳室外游戏，这里无需解释。一般情况下，“躲猫猫”的游戏者用于躲藏的时间，需要其他游戏者数到100为止那么长。有些男孩并不是从1数到100，而是将其分为10个数字一组，例如可以这样计数：1，2,3，1,2，3,1，2,3，1；1，2,3，1,2，3,1，2,3，1；等等。他们念这些数字的时候，速度会非常快，以至于念完100个数字的时候，平常可能还念不到70呢。

为了不让躲藏者由于其他找人者冷不丁地出现而吓一跳，常见的方法是让留在当场的男孩数到100，在快要数完的时候喊道：

“一袋小麦！一袋黑麦！所有这些都不足以把‘你’引出来！”

或者只是简单地喊：“一！二！三！当心我哦！”

侦察员

“侦察员”游戏是由“躲猫猫”和“追踪”两个游戏结合而成的。一名游戏者留在当场，蒙上眼睛数到100，而其他人则四散跑开并躲起来。在数到100的时候，此人大喊：“我来了！”然后到处寻找其他游戏者。只要他瞥见躲藏中的某一个人（他们的躲藏不像“躲猫猫”游戏中那么严谨和小心），他就直呼其名，以及他所看到的对方的位置，例如，“哈里！你在亭子后面！”如果位置没有错，姓名也正确（姓名经常会被叫错，如果叫错了，被叫者应当不动），那么哈里就必须跑出来，试图去“侦察”另一个躲藏者，之后才能回到“本部”。

另一种玩法是“侦察员”和躲藏者人数一样多。如果是这样，就必须预先规定“侦察员”要找到多少个躲藏者才算赢。如果规定还有4个躲藏者找不到，侦察员们就算输，那么躲藏者下一轮依然有躲藏的优先权；不过，如果这一数字是3或3个以下，那么“侦察员”们就算获胜，下一轮就该他们躲藏了。

抓俘虏

没有哪一种奔跑类游戏比这个更好了。大家首先要分组，然后画出两个营地的位置，将大本营驻扎在那里。总体位置划分如下图所示：

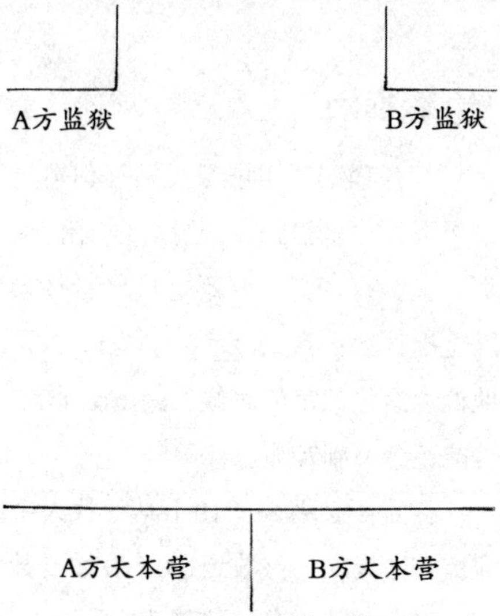

游戏开始时，A一边的几个人从大本营跑出来，跑向两个营地正前方的某个位置。站好后，他们喊道“抓俘虏”，于是，B一边尽可能多的人便跑出来追他们，而且每个追逐者都要喊着特定“俘虏”的姓名。A一边的人的任务就是在追他的B一边的人捉住他之前跑回自己的大本营，或者试图诱惑B这边的人前往离A营地非常近，以至于可能被A这边的人抓住的位置。怀着这个目标，A这边的人也并非毫无优势，因为当B一边的抓人者喊着他的姓名并追他的时候，A这边的另一个人可能也会喊出这个抓人者的姓名，从而将他们两个人从中间隔开。不过，游戏不允许任何人同时受到两个人的追逐。

一旦A这边的“俘虏”被抓住，就要前往画有B方“监狱”的位置。一到这一位置，“俘虏”就开始喊“救我”，另一个A这边的人则嘴里喊着“俘虏”，并冲过来营救他；与此同时，B这边的某个人则始终保持警惕，尽可能地阻止A这边的这位救人者。

无论对那些长时间保持奔跑的人来说，还是对那些有机会做短暂冲刺的人来说，这个游戏都是有益而无害的。第一个被叫到名字的人，要引诱“敌人”出来追他，而其他人则随时准备冲到“敌人”的阵营前面，挡住那些刚刚从大本营里出来的人的去路。

法国与英国

要玩这个游戏，场地中必须有一条小路或一条直线将其隔开成两个区域，即法国和英国。在每个区域的较远处，要插上一些旗帜（用手帕就可以），这些旗帜要相隔一定距离。之后，将游戏者分成两个国家的人，游戏的目的就是让每一边的游戏者都想办法将对方国家的旗帜夺过来，同时保卫好本国的国旗；在捍卫本国领土时，还要抓住敌国的间谍。一旦某个游戏者踏上敌国的国土，他就必须大胆前进，但是，如果他的手上有一面国旗，对方的人就不能抓他。一旦被敌人抓住，他就会成为囚犯（像“抓俘虏”游戏中一样），并且只有当某个同伴碰到他时，他才能获释。游戏者不能在解救囚犯的同时手拿国旗。当某一边的所有国旗都被对方夺走时，游戏就结束了。

黑人

该游戏需要消耗一定的体力。在游戏双方的游戏区附近各画一条线，让一名游戏者站在这两条线之间负责警戒。游戏者的任务就是从自己这一边跑到对方的游戏区而不被此人抓住。这里的“抓住”不仅意味着触碰到身体，而且表示确实捉住并让奔跑者停下来。每个人一旦被抓住，就要停在中间区帮助抓捕其他游戏者，直到再也没有人企图“穿越”为止。

站在中间区的游戏者先对所有游戏者喊道：“如果有黑人来了，你们怎么办？”

其他游戏者答道：“根本不管他，径自跑过去。”

这也是游戏者开始从一条出发线冲向对方区域的信号。

冲人墙

“冲人墙”游戏和“黑人”游戏差不多，唯一的不同是所有被中间区的人抓住并且负责去捉其他人的游戏者，都要手拉手站成一排。这样，那些企图“穿越”的人只能避免被他们抓到，或者想办法突破人墙。

流浪汉

“流浪汉”游戏也和“黑人”游戏差不多，不同的是，并非所有人同时往对方的游戏区冲，而是由站在中间的“流浪汉”大声喊：

“我是流浪汉！我是流浪汉！让某某人过来！”

被喊到名字的人必须从自己所在的位置冲向对方的游戏区。如果他被“流浪汉”抓到，就必须协助“流浪汉”去抓其他人。

单脚跳、行走和跳远

该游戏是在常规的赛跑基础上加以变化而来的。参赛者并不比拼跑步，而是看每个人按一次单脚跳、走一步以及一次双脚跳远的顺序进行能达到多远的距离（每个动作做三次也可以，可自行决定）。该游戏需要有一名裁判，来仔细察看参赛者是不是单脚跳完之后，在落点上开始行走，以及走完一步之后，在落点上开始双脚起跳。

跟着头儿走

这个游戏无需过多解释，它对于短时间的休息非常有用，尤其是如果带头的人点子多、脑筋转得快，就更好玩了。

出去走走

> 我们的教具使自主教育成为可能，而且允许进行系统的感觉训练。这种训练不是依靠教师的能力，而是依靠教具系统，这种教具首先提供了能吸引儿童自发注意力的物质实体，同时也包含了合理的刺激等级。
>
> ——玛利亚·蒙台梭利

在乡间漫步，由于有很多美景可看，因此没必要考虑怎么走才能让时间过得更快。而在一个陌生的城市行走，或者在有一些有趣的商店橱窗的地方行走，也没什么枯燥的。不过，如果老是这样走，也会让人觉得非常疲劳，所以，为了帮助大家，我们整理了以下行走方式供大家选择。

如果是两个人行走，比较好的消遣方式是一个人“赶”着另一个人。可以搂着另一个人，像推婴儿车那样推着走。不过，如果是许多人一起走，这样的方式就不被允许了，我们只能通过聊天来打发时间。可以依次讲故事，或者根据走过的路人来编故事，这些都很管用，不过也不是每个人都有能力这样做。

路边惠斯特

在海峡群岛（在法语中称“诺曼底群岛”），游客们乘坐着四轮轻便大型游览车，用一种叫作“路边惠斯特”的游戏打发时光。坐在车上左边的人负责照看路右边，而坐在右边的人则负责左边。在驾车出发之前，司机就要先将规则告诉他们。为了适用于你所在的特定国家，不妨假设我们现在就坐在车上。示例如下：

如果你看到：

被怀抱的一个婴儿，你就得1分；

婴儿车里的婴儿，得3分；

一匹白马，得5分；

一个靠着房檐的梯子，得2分；

身穿一条白围裙的妇人，得1分；

卖肉的屠夫推车，得1分；

一条街的入口，得2分；

一名邮递员，得5分。

当然，如果看到了一些特定的事物，还可能被扣分。例如：

你看到了：

一条哈巴狗，扣2分；

一匹花色的马，扣4分；

一扇打开的门，扣2分；

一群绵羊，扣3分；

一名士兵，扣10分。

无论得分是多少，一旦有某一方看到一只猫在窗台上，都判该方获胜。

数狗

如果在乡镇，两个游戏者或者两组游戏者还可以玩其他种类的“路边惠斯特”游戏。“数狗”是其中的一种。在这个游戏中，可以由一个人负责所有街道的左侧，另一个人则负责右侧。

猜马尾

外出时玩这个游戏也不错。E.H.写道，“当你看到一匹马跑过来时，在它来到你面前之前，猜测它尾巴的颜色。无论谁猜对了，这匹马就归他所有。”

逛街买东西

只要不是在非常冷清的街道，商店的橱窗往往都让人流连忘返。假如你有足够的钱（比如5美元，或者数量不限），那么每经过一家商店都挑一点想要的东西买，将是非常有意思的一件事。E.H.写道："有个小女孩总是觉得自己是她所在的大家庭中最年长的孩子，她必须撑起这个家，所以她总是留意商店里有哪些东西可以买来给弟弟妹妹。例如，如果她觉得家里人应当换新冬衣了，就会先确定自己有多少钱可花，然后再在商店里砍价。有时候，她非常想给最小的孩子买一件外套，但又不能马上去买，因为她必须先看看剩下的钱够不够给其他孩子买东西。如果她的钱足以让所有孩子穿得既实惠又好看，那么她会对当天成功的购物感到十分满意。有时候，她想要的衣服实在太好了，那么她就必须决定最急需的是哪几件，而哪些衣服可以在家里自己做，等等。"

造句

让每个游戏者站到某条有商店的路边，看看谁能最先用店主的姓和名字的首字母造一个特定的句子或单词，这也是非常令人兴奋的事。在造句时，注意最好不要使用不常用的字母，例如Q、U或J。如果要做到这一点非常难，那么可以将店主名字里的所有字母都用上。

写有"琼斯"的商店

在米耶内尔夫人的著作《孩子们》当中，有个小女孩在走路时，不断收集店面上写有"琼斯"这一名字的商店。当然，如果你发现这样做很好玩，就不一定非得找"琼斯"了，也可以找其他的名字。

可爱的字母表

在这个游戏中，你要按照字母表从A开始，各寻找一个形容词来形容你喜欢的人。例如，"我喜欢以A开头的某某人，因为他（或她）太让我佩服了（Admirable）。""我喜欢以B开头的某个人，因为她长得太美了（Beautiful）。"如此等等，尽可能将这种造句模式延续下去。前面我们介绍过与此类似的游戏，但那个比这个游戏更难，而且也可能不太适合在走路时玩。

与猫有关的形容词

另一种字母游戏要求在“猫”（cat）前面加上以特定字母开头的形容词。例如先以A开始。某个游戏者可能会说，“一只狡猾的（artful）猫”；而下一个则说，“一只贪婪的（avaricious）猫”。还可以说，“一只可怕的（awful）猫”“一只黏人的（adhesive）猫”“一只高傲的（arrogant）猫”，或者“一只吸引人的（attractive）猫”等等。字母A要一直进行下去，直到没有人再能想出适合的形容词为止。或者也可以这样玩：从1数到10时，还没有人想出来，就接着进行下一个字母B。例如，“一只毛发茂密的（bushy）猫”，“一只有伤的（bruised）猫”，“一只好斗的（bellicose）猫”，“一只自大的（bumptious）猫”等等。

拼单词

在这个游戏中，每名游戏者都要结合某个单词的拼写说一个字母，但所有人的目标都是不当完成该单词的那个人，而是迫使下一个游戏者去拼写完整。比如有四个人玩该游戏，第一个游戏者可能说“p”，而下一个游戏者如果想到了“prim（整洁的）”这个词，就会说“r”，而第三人如果也想到了“prim”这个词，就会说“i”。但是，第四个游戏者会在头脑中快速搜索以“pri”开头的所有单词，但又不能成为拼写完整的那个人，于是他可能会灵机一动，按照“prism（棱柱）”这个词的拼法，从而说出字母“s”。这个字母就拯救了他，但让第一个游戏者又陷入了困境，此人不能再想着“prim”这个单词了，而是转念想到“prison（监狱）”一词，从而说出字母“o”。由于再也没有其他单词可以选择，下一个游戏者就注定要成为失败者。

大人物

既能在走路时玩又能在室内玩，而又广受欢迎的一个老游戏叫作“大人物”。“大人物不喜欢有字母E的东西。”一个游戏者说，“你们能让他吃点什么呢？”于是每名游戏者开始轮流作答，但是说出的每一道菜都不能含有字母E，否则就要站出来，或者（如果在室内）就要被惩罚。再看此例，对上一问题的回答可能是“apricots（杏）”“mutton（羊肉）”或“soup

（汤）”，但不能是“apples（苹果）”“beef（牛肉）”或“porridge（猪肉）”。在行走时，字母E始终不能说出口，直到所有人都没有不含E的单词可说。之后，可以尝试其他字母。

巴兹

这是一个计数游戏，只要到了数字7，或者是7的倍数（例如14、21、28、35）或含有7的数字（例如17、27、37），相应的游戏者就必须说“巴兹”。否则，如果在室外，此人就要隔一至两轮不能参加游戏；如果在室内，他就要受罚。说到70时，你要以常规方式说“巴兹”，但是说到71、72、73、74、75、76、78、79时，你要说“巴兹1”“巴兹2”等等。如果是77，你就要说“巴兹巴兹”。

学徒

“学徒”游戏适合于两个或者更多人玩。一个人说：“我送我儿子到某人（说一个工匠或手工艺者的名字）那里当学徒，他卖的（或做的）第一件物品是某某物（只用该物品名称的首字母表示，但其应当属于该行业或手工业所特有的）。”而最先猜测这些首字母代表什么物品的游戏者，然后也要说一句类似的话。例如，一名游戏者可能说：“我送我儿子到一个铁匠那里当学徒，他做的第一件物品是D.K.（Door Knocker，门环）。”另一个人则说：“我送我儿子到一个杂货商那里当学徒，他卖的第一件商品是S.S（Soft Soap，软皂）。”第三个人说：“我送我儿子到一个园丁那里当学徒，他种的第一样东西是C.B（Canterbury Bell，风铃草）。”第四个人说：“我送我儿子到一个烟花生产商那里当学徒，他做的第一件物品是G.R（Golden Rain，金色烟雨）。”

城市与产品

这个游戏某种程度上与地理知识相关。假设有三个人玩。一个人挑选了一个众所周知的地方，例如波士顿（Boston），于是他说：“我知道一个地方，那里卖靴子（Boot）。”或者说一个以字母B开头的商品。第二个游戏者于是知道这个地方是以哪个字母开头，所以他就想了一个比较靠谱的地名。可能他想到的是伯明翰（Birmingham），如果是这样，他就会这样说："我知道一个地方，那里卖鱼胶（isinglass）。"或者是icicles（冰柱）、inglenooks（壁炉），以暗示该地名的第二个字母是I。"不是。"第一个游戏者说道。于是第三个人要接着猜。可能他认为这个地方是布赖顿（Brighton），于是他说："我知道一个地方，那里卖火箭（rockets）。"或者是rump-steak（后腿肉牛排）或raisins（葡萄干）。"也不是。"第一个游戏者又说，于是又轮到他了。这一次，他要给出另一个暗示，即通过一句话来指出单词的第二个字母是什么。可能他会说："我知道一个地方，那里卖橘子（oranges）。"或者石油（oil）、卵形笛（ocarinas）。就这样进行下去，直到最终拼出正确的地名为止。

其他游戏

其他适合走路时进行的游戏包括"问答游戏"、"联想"、"方式、时间与地点"、"旁敲侧击"，以及"动物、植物与矿物"等等。

滚铁环

采用铁环最好，但是，用不用棍子或钩子推它，就是个人品味的问题了。如果滚铁环的棍子很结实，那么钩与环摩擦产生的"刺啦刺啦"的声音就没有了，而且滚动环与用手推着它走相比也要有趣得多。每个人都希望不用对铁环成品做什么改进，就能让它具备各种各样的功能。在比拼速度之后，看看谁滚铁环的速度最慢也同样很有趣。此外，还可以看谁的铁环滚得直。买来的铁环会很结实，不过，要想它完全适合你的需求，还是有必要去找铁匠帮忙的。如果铁环立起来与它的主人差不多高，那么，游戏者在滚铁环的时候可以随着环的滚动往前跑，但是，这样的环只有铁匠或五金商才能提供。

另外两个滚铁环游戏

滚铁环游戏种类很少，而且除了"快递"游戏外，都不是很好玩。在这个游戏中有两个环，一大一小。两个游戏者先要准确地掌握大环的前进速度，然后在大环向前滚动的时候，让较小的环从大环中间穿过去。

还有一种游戏叫“收费站”，需要几名游戏者和一个铁环。“收费站”由两块相隔约1英寸的石头组成、除开始游戏的人之外，所有其他游戏者都要站到“收费站”旁边。游戏开始时，拿环的人要将环从石头之间滚过去，速度越快越好，但不能碰到石头。如果碰到了石头，或者没有从石头缝之间滚过去，滚环的人就要将铁环交给某个“收费员”，后者再碰碰运气，直到此人也碰到了某一块石头，便再将铁环交给下一个人。

铁环快递

由几个游戏者同时玩的一种很好的滚铁环游戏是“铁环快递”游戏。其基本思想是，通过滚铁环者接力式的传递，尽可能快地将铁环滚动一定距离（像过去快马送信一样），而游戏要做的第一件事就是在沿线的不同位置设立四个站点。游戏开始时，每个人都拿一个带钩的棍子，第一名游戏者滚着铁环，以最快的速度冲向第一站。一到该站，他就立即停住，但铁环片刻也不停地还在滚动，此时由第二个人接着滚，第一个人则留在站点不动，之后照此进行。如果有人计时，而你这一站又超出了时间限制，那就更好玩了。

坐车上或候车时玩的游戏

> 我们的教育目标总的说来包括两个方面：生物学方面和社会学方面。从生物学方面来讲，我们希望能够帮助个体在自然方面进行有效的发展；从社会学观点来看，我们的目标在于使个体适应周围的环境。
>
> ——玛利亚·蒙台梭利

在火车上或者在火车站等车时玩的游戏

即使你的座位靠近窗户，但如果乘坐火车的旅途很漫长（例如从纽约到芝加哥），也是很没意思的；不过，如果你旁边没有窗户，那基本上你会无法忍受枯燥和寂寞。下面的提示主要适用于两个人做游戏，不过，如果你只身一人，没有人与你玩，其中的一两个游戏也是很有用的。

地图的价值

在漫长的旅途中拥有一张标有火车沿线经过地点的乡村地图，是一件很有趣的事。它能告诉你从窗户看到的沿线的山丘和乡村的名字，而且你也能准确地计算出从一个县或州到另一个县或州的时间。

铁路上的竞赛

两个人就可以很好地较量一把。他们要事先商定好游戏的规则，即在两个给定的地点之间（比如两个火车站之间），谁看到更多的马匹、母牛、绵羊、放牧的人、骑自行车的人或野兔等等，谁便获胜。不一定要求游戏者必须处在不同的窗户旁，实际上，如果两个人在同一个窗户旁边或者在同一侧的窗户旁边，玩得会更有意思，因为这样一来，不仅可以比眼力，还有额外的乐趣，即不让对方知晓你是不是看到了上述的东西。

铁路惠斯特

该游戏是前述的“路边惠斯特”游戏的一种，游戏的规则在那里已经介绍过。如前所述，多数游戏者都喜欢自行确定竞赛规则，不过以下面的事物及排列方式作为基本的规则，还是有借鉴价值的：

如果你看到：

一座教堂　　　　计3分；
一块有绵羊的田野　计3分；
一块有母牛的田野　计2分；
一块有马匹的田野　计4分；
一块有野兔的田野　计3分；
一个男人　　　　计1分；
一个女人　　　　计2分；
一段阶梯　　　　计4分；
一扇敞开的门　　计5分；
一扇关闭的门　　计2分；
一条寻常的狗　　计2分；
一条牧羊犬　　　计6分；
一辆马拉的车　　计5分；
一辆运干草的车　　计2分；
一个池塘　　　　计4分；

如果你看到：

一方挥舞的手帕　　扣6分；
一个干草堆　　　扣1分；
一个红色的谷仓　　扣5分；
一辆运杂货的车　　扣1分；
一个小孩在门口　　扣10分。

无论哪一方，若看到一头黑色的绵羊即获胜，无论当时他的分数是多少。除此之外，得分最多者为胜者。

在“铁路惠斯特”游戏中，游戏者必须坐在火车内的不同侧。

车站观察

这是前述的“观察”游戏的一种，可以在旅途中进行。当列车停靠在某个车站时，每个人都往窗外看，并尽可能多地留意各种事物。当列车再次启动时，每个人要根据记忆尽量多地写下这些事物，写得最全的游戏者为胜者。

用手表做游戏

如果你有一块手表，那么可以做一些有趣的游戏，比如猜测列车到达下一站的准确时间，结果最接近实际时间者，便成为这块手表的实际持有人，直到下一次猜测结果揭晓。用手表还可以做其他事情，尤其是上面有秒针的手表。猜测一分钟有多长也很有趣，或者通过测算火车经过路一侧的电线杆之间的时间，来估算出火车的速度。

暖手

这是一个原汁原味的游戏，如其名所示，在寒冷的天气里玩最好不过。游戏由两个人玩，一个人平摊双手，手掌朝上。另一个人手掌朝下，将手放在前者的手掌上，重合约3英寸，并企图拍打对方的双手。如果第一个人能够迅速抽回双手，以至于后者根本碰不到它们，那么两个人顺序互换，由第一个人试图击打第二个人的手。等到手掌朝下的游戏者击中另一个人的双手时，击打者便继续自己的角色。这个游戏可以很好地培养游戏者的反应速度。双手被击中的游戏者会发现，只要他善于观察对方的眼睛而不是双手，便可以比较成功地躲避对方的攻击。

这个游戏还可以发展为多人进行，以锦标赛的形式出现，可以分为多组，每组两个人，表现最好的竞赛者留下来竞争冠军。溜冰之后调整呼吸时，玩这个游戏也不错，或者在室外运动需要平静下来的时候，也可以玩这一游戏，不过要注意别感冒了。

铅笔和纸张

长途旅行时，最好随身携带铅笔和纸张。如果列车颠簸得厉害，看看谁能很清楚地写出一句话也很有意思。你要找出坐在座位旁边，将纸摊在膝盖上以保持稳定的方法。而如果玩“杀三子”游戏，那么列车再怎么颠簸也没事。

杀三子

“杀三子”游戏不管在哪里都可以玩，你只需要一张纸（报纸就可以）和一支笔。下面画出了游戏的框架。游戏的规则是：

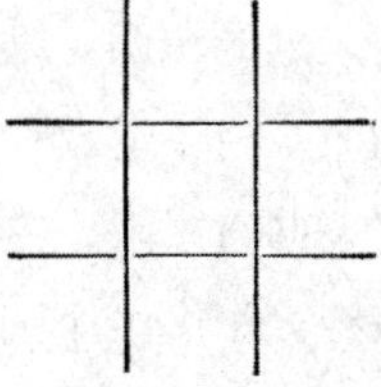

一名游戏者如果选择打叉，另一个人就选择画圈。先由一个人在九格中的某一格上画出自己的标记，比如是一个叉，另一个人则在另一格上画上一个圈。之后游戏进行下去，直到某一方成功地在同一条直线上画出了三个圈或三个叉为止。以下的例子中，由画圈者先手，但画叉者获胜。

<table>
<tr><td>x</td><td></td><td></td></tr>
<tr><td>x</td><td>o</td><td>o</td></tr>
<tr><td>x</td><td></td><td>o</td></tr>
</table>

不过，有时候也会出现下图所示的情况，在这个例子中，画圈者先手。

<table>
<tr><td>x</td><td>o</td><td></td></tr>
<tr><td>o</td><td>o</td><td>x</td></tr>
<tr><td>x</td><td>x</td><td>o</td></tr>
</table>

如今在市面上能买到完整地介绍“杀三子”游戏的书籍，上面画出了所有可能出现的情况。此外，在纸上，还要留出时间填写游戏参与者的姓名和游戏完成日期。

在纸上表示法国和英国

另一个由两个人进行的游戏“法国和英国”，也属于“杀三子”游戏的大家族。这个游戏可以在任何地方玩，对纸张的要求也不高。首先，游戏者要确定谁代表英国，谁代表法国。之后每名游戏者各占据一半纸张，并用一些圆点（比如60个）来覆盖这块“国土”。具体数量其实无所谓，但是双方的圆点数量一定要相等。接着，每个人要在自己这一边纸张的某个角落画一门大炮，或者画某个代表一门大炮的东西，以方便游戏进行。随后，双方要确定游戏进行几轮。游戏开始后，将铅笔放在大炮处，闭上双眼，让铅笔朝着纸张上的敌方“冲锋”，线条曲直不限，方向也可自行选择。睁开眼睛之后，要数一数铅笔画出的线条经过了多少个圆点，然后将得分计下来。当最后一轮结束之后，覆盖圆点数量最多者获胜。

用铅笔给字母排序造词

造词游戏也可以在变化之后用于书写比赛。给每位游戏参与者发一张纸（这些纸要提前准备好），上面写有十几个动物（或城镇、花朵、鸟类、其他事物）的名称，但是写出的单词中的字母是胡乱排序的，或者叫作“乱拼”。例如，“butterfly（蝴蝶）”一词可能拼成“trelbyfut”，而“Manchester（曼彻斯特）”则拼成“Tramschene”。比赛要规定时间。在规定时间内，在所给的纸张上找到最多单词者获胜。

这个游戏还有个版本，就是给出单词的首字母和最后一个字母，而将其他字母不写出来。例如，你将“Elephant（大象）”一词在纸上写成“E......t”，然后告诉对方这是一种动物的名称。或者，你将“Peppermint（薄荷糖）”在纸上写成“P......t”，然后告诉对方这是一种甜食的名称。

上绞架

这个游戏比较难，但对于枯燥的旅途比较适合。两个游戏者并肩而坐，其中一个人用圆点在一张纸上标出某句谚语或有名诗句中的各个单词。例如，“I met a little cottage girl（我遇到一个乡村小女孩）”这句话，用圆点表示就是下面的样子：

在这行圆点下面，竖立着一个小绞架。如图所示：

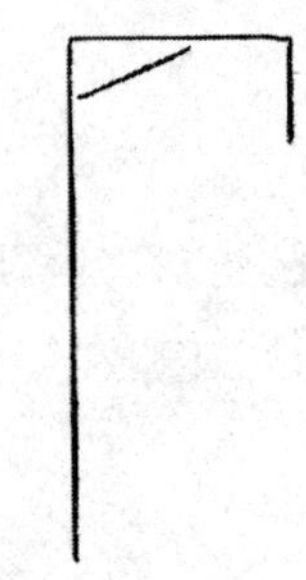

游戏的任务就是让另一个游戏者将这句话猜出来。为了达到这个目的，他可以向对方问字母。他可以先这样问，“我能否要一个‘a’？”因为很少有哪个句子中不含“a”。于是对方便会将第一个“a”写进句子里。如下所示：

. ... a ....

接着，他还可能再要一个“a”，于是句子就成为这个样子：

. ... a ....a.. ....

接着他可能还要一个“e”：

. .e. a ....a.. ....

到目前为止，一切都朝着猜测者的意愿发展，而绞刑架也始终保持原样。但是，现在他如果向对方要一个辅音字母（这比要一个元音字母风险大多了），可能就要很冒险。比如他问，“我能否要一个‘s’？”而由于这句话里没有“s”，所以他得到的回答是否定的，于是对方立即在绞绳下面画上一颗小小的头颅。如图所示：

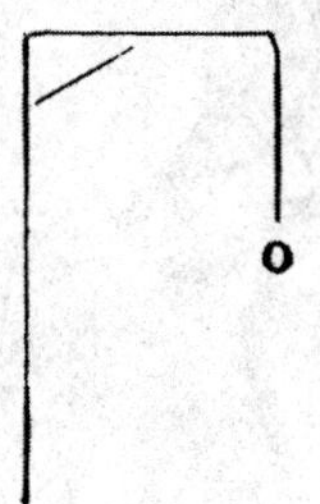

这意味着猜测者失去了6个部位（可能是其他数量的部位）中的某一个，而其他5个则分别代表他的头、双臂和双腿。他每次未能成功要到一个字母，就要失去某个部位，而当所有部位都失去时，他也就输掉了比赛。不过，有时候他能够迅速判断出自己该怎么做。

其他游戏

许多一般情况下在室内进行的游戏，也可以在列车上进行。比如“老妇人”就是一个很好的列车类游戏，“巴兹”也是。而“狐狸与鹅”或者西洋跳棋游戏，也都有助于打发时间。

中国式猜拳

这可能是最简单的游戏，但可以消磨漫长的时间。这个游戏不需要什么道具，用双手即可，而手的形状有三种。一种是握紧拳头，第二种是平摊手掌，第三种则是将拇指和食指摊开形如剪刀。第一种叫“石头”，第二种叫“布”，第三种叫“剪刀”。游戏开始时，两个游戏者用右手（拳状）迅速击左掌三次，然后在同一时间拿出右手，使其呈上述三种形状之一。至于谁获胜，是由这一规则决定的：“剪刀剪布，石头砸剪刀，布包石头。”也就是说，如果你的手形状是“石头”，而你的同伴是“布”，那么他获胜；但是，如果你选择的是“剪刀”，你就应该是胜者。获胜者必须说出与当时情形相符的规则，例如“剪刀剪布”，然后要计下输赢的次数。经过半个小时的比赛，谁获胜次数多，谁便是这一轮的胜者。

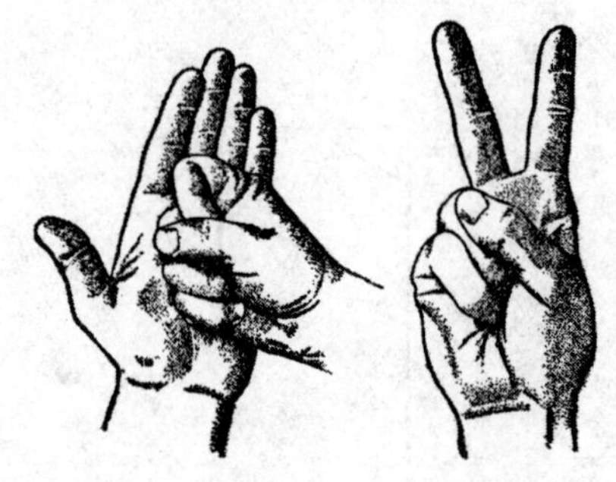

独自玩耍或卧床而玩的游戏

> 感觉的练习中包含着一种自我教育。如果练习重复多次，这种自我教育就会使孩子的心理感觉过程更加完善。在孩子从感觉转移到观念的过程中，也就是从具体到抽象，再到观念的联想，教师必须参与其中。
>
> ——玛利亚·蒙台梭利

积木

在独自玩的所有玩具当中，最好的玩具是积木、士兵、球、羽毛球拍、羽毛球和洋娃娃。用这些玩具玩耍，我们谁也无需提示。不过要指出的是，一般情况下买来的积木，很少能满足我们的游戏所需，如果有可能，最好是找个木匠将其雕琢成有用的形状，比如4英寸长、1.5英寸宽、1英寸高。有了100个这样的积木，你就几乎可以用建筑的方式将其做成任何物体，而如果所用的木料很结实，这些物体甚至可以长久保存。

士兵

用“士兵”玩的游戏当中，比较好玩的是，看看用一门“大炮”射杀整整一支部队需要射击多少次。“大炮”可以是玩具枪，也可以是豆子枪。一开始，用一发“炮弹”消灭一两个敌人简直不费吹灰之力，但随后就会变得越来越难和越来越扣人心弦了。

九柱滚球

在寒冷的天气里，要在大厅里玩这种游戏，比较难的往往是需要找到九根柱子。

西班牙式套球

一种比较好的、可以一个人独自安静玩耍的游戏是“西班牙式套球”。在一根长棍子上固定一个线圈，使其立起来成直角，如图所示。在一根长线上系一个精纺线的或非常轻的橡皮球。游戏的玩法是，看看你将球抛起来之后，等它下落时再用线圈套住它的次数是多少。

平衡游戏

当你独处而又对玩具腻烦了的时候，各种各样的平衡类游戏都是不错的选择。除了练习之外，对这种游戏来说没有提高水平的捷径，而练习本身就会让你很着迷。练习平衡技巧时，先将一根长棍子（旧扫帚的柄即可代替）放在手掌上，熟练后再放在手指上，然后再放在下巴或额头上。棍子越长，就越容易掌握平衡。不过要记住一条黄金法则：始终将目光关注在棍子顶部。

之后，再练习平衡一把完整的扫帚或一把小椅子。多做平衡练习有益于锻炼你目光的敏锐性和肌肉的灵敏性。

当然，如果不止一个人玩，积木、士兵、九柱滚球以及其他球类游戏都很有意思，不过，倘若只有一个人，用它们来打发时光也是不错的。

布鲁斯的心

倘若你对用玩具玩的游戏已经腻烦，就要创造出新的游戏，而在创造新游戏的过程中，其实没有必要寻求外界的帮助。与此同时，E.H描述的一些游戏可能会让你得到一点启发。她写道：“有个小女孩喜欢发明各种各样的乐子，她假扮成道格拉斯，带着布鲁斯的心前往圣地。她右手拿着一根棍子，

代表长矛，左手拿着一块石头，那是装有布鲁斯的心的小盒子。如果有某个大人停下脚步和遇到的路人说话，或者有什么其他由头让她超越向前，这个小女孩就会一边挥舞着棍子冲向前面，一边鼓励她的人（用一只大狗代表）勇敢冲锋，而在将手中的石头扔得尽量远之后，她还喊道，'冲啊，勇敢的心'。她会将手中的长矛朝着同一个方向用力地掷向莫斯，然后假装倒地而死。"这个小女孩便是在沃尔特·斯科特爵士撰写的《一个祖父的传奇》一书中找到了可供游戏的故事。几乎每本书都提供了可作为游戏素材的人物和事件。

将宾馆当营地

E.H认识的另一个女孩，"曾经在一家宾馆住过一段时间。在那里的时候，她根据客人所在房间的楼层数，将其分成几个阵营。用不同楼层窗户上的图案，代表每个阵营的营徽或纹章。例如，某个窗户（窗户上是彩色玻璃）角上有鹰，另一个角上有半狮半鹫的怪兽，还有一个上面是狮子，等等。如果她遇到另一个楼层的人进入或走出宾馆，就代表两个敌对阵营的人相遇。如果她发现自己和他们一起乘电梯，那么这将是一次危险的遭遇，因为如果他们先出电梯，那就是她将他们'击溃出去'了；而如果是她先出电梯，则代表她首先撤退。如果她看到某两个不同楼层的人在一起交谈，就代表签订一个停战协定，等等"。

积木城堡

有一本名叫《一个孩子的诗歌乐园》的书，作者是R. L.斯蒂文森，里面有几首诗描写了一个孤单的小男孩是怎样找东西玩耍的。例如（在《积木城堡》中）：

将沙发当高山，地毯当海洋，在那里，我要为自己建一座城市。有一个教会和作坊，旁边有一座宫殿，还有一个港口，我的船只在那里停靠。

故事书

在《故事书的国土》一诗中：

现在，我扛着自己的小枪，在黑暗中沿着墙脚匍匐前进。身后是一条森林小道，沙发背面有一条出路。

在那里，在晚上，没有人能看到我在做什么。我在自己用于狩猎的营地躺下，玩弄着我曾经看过的书，直到该起床了为止。

床像一条船

这是一个简单的游戏。也有一首诗是描述怎样在床上玩耍：

我的床像一条小船，当我上船时，保姆帮助我。她用我的水手服将我裹紧，在黑暗中让我启航。

想出床上玩的游戏

当同一间屋子里不止睡一个人的时候，睡前的时间就非常有意思。前面已经介绍过的许多游戏都适于在床上进行，例如“讲故事”、“拼写”、“大人物”、“学徒”、“城市与产品”、“联想”等等。

照单子做游戏

关于这种做法，B. R. L.写道，“将游戏列一个单子贴在墙上，每个晚上玩不同的游戏。其中之一是‘我爱我以字母A开头的某某人’，这个游戏我们要一直坚持做下去，直到做完字母表上的所有字母为止。另一个是‘首字母猜名字’，你可以轮流说出你认识的人的名字的第一个字母，而其他人则猜测他们的名字。还有个游戏叫‘20个问题’，即某个人想出一种可以尽可能快地猜出的事物，其他人来提问，但他的回答只能是‘是’或者‘不是’。更有一个很女孩气的游戏是这样的：假设你有一个头发金黄、眼睛碧蓝的小女孩，她打算去伦敦参观，你会给她买什么上衣穿呢？”

富于想象的家庭

E. H.为女孩们推荐的游戏叫“富于想象的家庭”。她是这样解释的，“首先，你要搞清楚你的家庭成员的姓名、年龄和性格，之后，你就可以每天晚上让他们开始历险去了。有个小女孩酷爱旅游类书籍，喜欢研究地图和海图，于是她每天晚上都和家里人一起外出‘旅行’，去的都是当时她很感兴趣的国家。比如她和家里备受宠爱的男孩法老去加利福尼亚玩了很长时间，他们取道合适的路径，穿越每一座山脉，探索了每一条峡谷，为每一条遇到的河流溯源，等等。同样，她还和家人一起去中美和南美旅行，去了马来半岛以及南太平洋诸岛。另一个小女孩非常喜欢历险故事，她和家人一起，经由陆路和水路，经历了各种各样的冒险。有一次，他们遇到了海难，但像鲁宾逊那样侥幸活了下来。还有一次，他们到中非探险，带了可用三年的补给品，和50头大象一起，坐着一辆大篷车旅行。另一个小女孩从自己特别喜欢的图书中搜集出各种人物，让家人扮演。例如，她读到《英雄》一书时，家人就化身为非常可怕的美狄亚，由于美狄亚的固执和偏激，为了她，家里所有其他的孩子都只好委曲求全。后来，这个小女孩又读到了《一个祖父的传奇》，此时她的家人包括三个儿子，即华莱士、布鲁斯和道格拉斯。（顺便说一句，有一个英勇无畏的家庭很好，尤其是你比较害怕漆黑夜晚的时候，因为想象中的这种家庭有助于你勇气倍增。）有两个女孩寄宿在一位牧师家中，她们想象中对家人、家庭感兴趣。于是她们每天晚上都为这个家庭做打算，比如父亲挣多少钱啊，他们的房租是多少啊，母亲是否应该靠洗衣养家啊，最大的女儿有没有时间去做家政啊，等等。如果大人不允许她们晚上说话，她们就各自编织着这个家庭的故事，然后第二天早上再一起对比和讨论”。

制订计划

制订计划总是很有意思，尤其是快要过圣诞节的时候，因为那时候必须要准备送礼物。

帮助入睡的游戏

比较受欢迎的方式是想象自己看到一大群羊，它们正从篱笆里出来，准备通过一道小门，然后你去数它们。对这一游戏加以变化便是：在一片沙漠上，一列装有骆驼的长长列车从很远处驶来，离你越来越近，然后从你眼前经过，并逐渐消失在远方。此外，数到100万也是一种不错的助眠方式。

患病康复期的游戏

患病好转卧床休息时能做的一件事，就是剪各种图片制作剪贴本。使用各种各样的方法来裁剪都可以，不过剪刀和纸张都要非常轻才好，这样不会让胳膊疲劳。“耐力”游戏也是很好的床上游戏，因为它几乎不费什么脑子。

床上的士兵

在《一个孩子的诗歌乐园》一书中，有一首叫《床罩国度》的诗，讲述了一个小男孩在生病卧床时，将他的玩具放在一堆枕垫上做什么：

有时候，大约有那么一个小的时时间，我看着我那些颜色灰暗的士兵，身着不同的制服，迈着不同的步伐，在床上用品之间穿行，越过每一座小山；

有时候，我将自己的小船启航，让它们驶入群舰之中。所有的船都在舰队中起伏。我还展示自己的树木和房屋，在每座城市的四处种上植物。

中国动物

生病在家卧床时，娃娃玩具当然非常好用，不过，举行一个动物大展览可能有意思得多。在这个问题上，引用E. M. R.写的一封信可能比我们连篇累牍地介绍效果更好，因为她有590个中国动物玩具，大部分都成家族配套，而且全都有名字。而她如此宏伟的作品收集，却是从一个猴子家族开始的。

猴妈萨莉，她的大儿子芒戈，二儿子平斯利，还有一个正在吃坚果的儿子排老三，叫作乔克，最好的猴子是个可爱的小姑娘，名叫尼斯。没过多久，又有人给我送来狐狸一家三口，分别叫列那德、布鲁斯泰尔和怀特帕特。从那时起我的动物库存数就不断增长。很快，我的动物就足以填满柜子的整整一搁板，于是我就将自己的娃娃屋改装成一所寄宿学校，供这些小动物们上学，并让一头大个头的猪担任校长。但是，当我的动物总数达到四百时，由于孩子太多，无法全部在学校寄宿，于是一些动物只好走读，而校长此时也换成了一只游泳非常好的绿青蛙，两只天鹅、一只鸭子、一尾鱼、两只鳄鱼和一只海豹则为她担任助手，而这些动物也都会游泳。另一只青蛙则负责教孩子们学游泳，她将一根线捆在他们身上，让他们沿着盆边在水里扑腾。

动物们的住所如今有了变化，我将他们放进了一个有六层搁架的大柜子里，其中有一个搁架最大。

我将这个大搁架称为一个城镇，其他的是乡村。这个镇名叫韦伊布里奇，其他的乡村中，鸟儿住的叫艾尔斯布里村，小狗们住的叫卡尼斯通村，其他几个也有自己的名称。就在这时，一个重要的成员又进入到了我的收藏品中，因为有人送了我一头大狮子，于是我立即任命他为国王，后来又来了一位王后和四位王子，不久，又有了一位王储以及另一位王子，还有三个小公主。

这个王室被获准享有某个村的所有使用权，这个村叫作金斯顿村，我还给他们配了五个仆人、两名护士、一名步兵、一位女佣以及一名厨师。

考虑到我现在有两个大家庭，而且各有几种不同的动物，于是我决定应该让他们进行婚配。因此，在任命萨莉的丈夫担任修道院院长之后，我主持了几次婚礼。我用手头的积木搭了一座教堂，在走廊里安排了一支欢迎队伍，并用一把美国手风琴演奏了一首《婚礼进行曲》。

首先走过来的是新娘和新郎，然后是伴郎和伴娘，最后是已经结婚的一些动物的孩子们，每两个为一组。仪式结束时，我让他们全部迈步行进到搁架上原来的位置。

现在我制订了八项法令，并在一个练习本上将它们全部记下来，此外，我把所有动物的姓名、男性女性以及男孩女孩的人数，以及已婚家庭和未婚家庭的数量全部在本子上作了记录。

后来，又有人给我送来几个小的动物，由于它们互不隶属，无法纳入任何一个家庭，于是我颁布了一项法令，规定如果他们在收藏品里没有合适的家庭成员，那么其他动物就必须接纳这些小孤儿。

我还成立了两家演艺公司，一家是大动物的，另一家则是孩子们的。我让一只名叫菲利普爵士的大猎狗担任第一家公司的经理，另一只名叫蒂姆、颜色黑白相间的小山羊担任第二家公司的经理。在那一年的圣诞节，我让这两家公司演了两部戏剧，孩子们表演的剧目叫《汉塞尔与格雷特尔》，大动物表演的则是《侍从》。

由于眼下无法为小动物们组建新的家庭，于是我着手收集了一些大的中国动物，很快就有了35只，其中有新泽西公牛和母牛，一头褐色的公牛和另一头褐白相间的母牛，还有两匹漂亮的小马，几只狗，以及两只猴子和两只山羊。

我让这些动物与其他小动物们分开居住，放到另一个碗柜上，不过我还是让狮王统管所有这些动物，并给狮王两个大动物，即一只猎狗和另一只名叫圣伯纳德的动物，担任这两个“州”的州长。

在小动物当中，我有一头貌似非常有学问的猪，名叫渥西诺，我让他担任医生，而让另一只年迈的牛头犬迪姆布纳（我还给他做了两条木腿）担任总理。我还有一个财政部长、一个收租员、一名管家和一个下人。我还让一个名叫潘瑟的年轻猎狗当菲利普爵士的儿子，负责维护王国的稳定，并让92匹马协助他工作。

这便是对当前我所收集的动物数量增长过程的描述，现在我已经有了555个小动物和35个大动物，总数为590个。

海滨游戏

> 如果一个人考虑到人类语言的魅力，他就一定会承认没有掌握正确口语的人是低等的。如果没有专门去完善口头语言，那么一种美学概念上的教育就是不可想象的。
>
> ——玛利亚·蒙台梭利

低潮

到达海滨时，你要做的第一件事就是看看什么时候低潮或叫退潮。每隔12小时，大海都会退潮20分钟，知道这一点，你就能相应地安排一天的活动了。如果你跑到海滩上，心里以为会是潮落而事实上却是潮起，那么没有什么比这更悲哀的了。

用浆划船

小男孩只要身穿灯笼裤，就可以说是为划船做好了准备，因为这种活动非常简单；不过女孩就没有那么幸运了。刘易斯·卡罗尔（《爱丽丝漫游仙境》的作者）对女孩们的这一难处非常体谅，以至于他只要去海边待一阵子，就要随身携带一口袋的安全别针，以防某个孩子需要它们。他的这种善解人意的举动或许会促使你去海边时自己也带一些。

软木做成的船

坐一条好船在海里航行，并不是最好玩的事情，你完全可以在海滩上休息的时候，自己动手做一种好玩又简易的船。当你涉水的时候，可以拿它来玩，而之后你还可以往里面扔石子。先拿一块软木作为船体。在木头底部中间处刻一条线，然后将一块石片楔进去作为船的龙骨，以保持船的稳定性。在软木上固定一根细的浮木作为桅杆，然后再在上面穿上一张纸作为船帆。

湿衣服

涉水时，如果可以的话，最好不要把衣服弄湿。由于出汗而弄湿了的衣服，穿起来会像睡觉时床上有面包屑一样非常不舒服，因为衣服里面可能进了一些沙子。只要涉水时小心灵活，衣服应该是不会湿的。坐在岩石中间，让水从脚和腿之间流过，或者徒步跃过一些细碎的浪花，这些都是让身体得到放松的最佳方式之一。

岩石

如果海边有一些岩石，还有一大滩海沙，那么这种地方是最理想的。由于岩石的存在，涉水的快感又多了一分，因为在小小的水池里可能会有许多有趣的东西，例如海葵、海藻、贝壳、螃蟹、小虾，可能还有一些小鱼。有时候，池里的水会非常热。

沙垒的城堡以及其他用沙子玩的游戏

要想充分利用海沙，一把铁锹是必不可少的，桶也很重要。用沙子能做的最好玩的东西是城堡和城壕，虽然水很难往城壕里流，不过你还是可以往里面泼一些水。城堡周围还需要有城墙，城堡里还应该有各式各样的其他建筑物。例如，应该有修道院、配有精美大花园的大房子、村庄以及教堂。在一些合适的地方修几条铁路，沿线配上城镇和车站，这些都不难制作，而在铁路线延伸的终点再做上火车，就更好玩了。火车是个好东西，因为机师和列车长往往是同一个人。火车碰撞也能不时地增添一点乐趣。在拥挤的海沙上修铁路也有一个不利之处，就是过路人可能会损坏铁路线，有时候甚至会由于脚步的移动而毁掉整个终点站，所以，铁路最好建在一些较小且有水源的地方，这样很少会有人发现它们。如果你不愿意只是挖掘和建造，还希望玩一些更有活力的游戏，沙堡可能是你能建造的最佳选择，因为细沙制成的要塞可能会受到封锁和围困，甚至可能被敌人夺取。在所有的海沙游戏中，石头都非常有用，因为用它们可以标明边界。

伙伴们相互之间用沙将对方埋起来，有时候也很好玩，不过游戏者需要一定的勇气。

海藻

海藻和贝壳是很好的收藏品，不过要是将活鱼装在桶里拎回家，就没什么必要了，因为乐趣在于捕鱼的过程，而不是抓到鱼之后；而且有些家庭主妇并不喜欢孩子将浴室当成养鱼池。如果天气湿润，可以将海藻粘在卡片上或夹在书里。如果想让它充分展开而不打皱，最好的方法是将小海藻放在装有水的盆里，让它们浮在水面上，然后用小卡片在下面轻轻地接住它们。当海藻落到卡片上的时候，将卡片取出水面，放到干燥的地方晾干即可。这样，你会发现海藻能够依附在卡片上。以这种方式对待海藻，只适用于那些较小的、彩色的海藻。你最好将它们在太阳底下放一天，然后再进行冲洗和制作，因为这样做可使它们显示出本来的色彩。如果海藻比较大，通常可用作晴雨表。将一片海藻挂在门旁边，它会告诉你什么时候要下雨，因为那时它会变得湿润和柔软。

贝壳工艺品

小贝壳的大用途之一，就是可以用它们来装饰小盒子。将贝壳摆成一个简单的造型，然后用胶水将其粘在盒子上。如果贝壳里有东西或者不干净，要先煮一下，再用废弃的牙刷将其刷净。

海边好朋友

在海边能看到的有趣的东西太多了，以至于你不必随时将精力放在怎么玩上。渔夫将带着他们的小船来到你跟前，小船需要有人拖拉；有一张渔网之前在海滩边撒下，需要有人从海滩上帮其收网，而这些你都可以提供帮助。如果你所在的城市不仅是一个疗养胜地，还是一个海港，那当然更好了，因为那样的话，你就可以看到港口的勃勃生机。和守灯塔的人交朋友也是一件不错的事，如果既有灯塔，又有造船工程师，那你就再幸运不过了。

乡村游戏

> 个体差异是每个孩子个性特点的体现。有的孩子无动于衷，表面上显露出勇敢，为的是隐藏失望之情；有的孩子则通过一些下意识的动作将这种失望流露出来。其他孩子则掩饰不住喜悦之情，因为他们发现自己处于一个独特的位置，这让他的同伴们非常好奇。
>
> ——玛利亚·蒙台梭利

本章内容更多的是写给那些住在城市、仅在假期前往乡村参观的读者，而不是那些一直住在乡村的读者。因为长期定居于乡村的人，并不需要我们来告诉他们下面这些事情，不过，这样的读者中也有少数人会发现下面的内容有用处。乡村之所以吸引人，主要在于：

春天——有鸟巢

6月——蜂群和晒制的干草

7月——洗绵羊、剪羊毛

8月——较早被风吹落的果实和收割

9月——黑莓、坚果、啤酒花、蘑菇以及松鼠。

交朋友

住在农家时，最重要的事情就是和这里的主要人员交朋友。所谓的主要人员，是指那些负责养鸡养鸭，以及养奶牛和马匹的人。交友的方式则是尽量少给他们添麻烦。

探索

到达农庄之后，最好先开启你的“发现之旅”，以便尽早掌握这里的一草一木。对这里的贮藏物了解得越多（例如谷仓的大小、干草堆的高度、马匹的数量、看门狗的名字、池塘的位置和特点等等），等上床后制订参观计划时就显得越简单。

找鸡蛋

农夫的妻子通常负责养鸡养鸭，不过也有很多时候，这项工作由她的女儿或佣人负责。无论是谁在管理，只要她确信你会小心而周到，就会放手让你去找鸡蛋。这种事非常让人来劲，因为母鸡喜欢窝在树林里的巢穴中以及其他各种地方，以期没有人能发现它们，这样它们就能安稳地坐在那里孵小鸡了。畜栏里的干草堆是一个理想地点，柴堆下面以及长长的草丛里也不错。有时候，你可能将近一个星期都不注意某个鸡窝，之后却在里面发现有三四个鸡蛋，甚至还有一个蛋热乎乎的。这真是一个伟大的发现。一开始，你很可能会拿着鸡蛋，喜气洋洋地冲进屋子。不过，农夫的妻子会笑话你，让你把鸡蛋放回去，而你很可能也不会再犯类似的错误。一段时间之后，你会逐渐了解母鸡的习性，知道它“咯咯”叫的时候代表它刚刚下蛋。有时候，如果一只母鸡正准备下蛋，而你刚好走近了它的鸡窝，它就会一边“咯咯”叫着一边赶紧惊恐地跑开，而将鸡蛋留在地上。

鸭蛋

鸭蛋比鸡蛋大不少，颜色呈淡绿色，找起来往往也比找鸡蛋难，一般必须在池塘边的草丛里才能找到。

给小鸡喂食

如果游客们对小鸡体贴而周到，农妇也会让他们去给小鸡喂食。当然，这需要你非常善于呵护，因为如果你不假思索地就将谷粒扔下去，那么那些体弱和不贪吃的小鸡就什么也吃不到，而许多有力又贪吃的小鸡则会得到很多。喂食几次谷料之后，你会发现哪些小鸡身体孱弱，再之后，你就可以相应地照顾好它们了。有的母鸡非常贪婪，以至于不管你做什么，它都总想多占一点，不过这时你可以对它稍加呵斥。很小的小鸡、小鸭不吃谷料，而要吃较软的食物，你可以将其放在碟子里，然后放进小屋。在它们吃完之后，你很容易就可以将它们抱起来，不过一定要非常小心，防止把它们捏坏了。

制黄油

如果农妇自己制作黄油，你将有机会帮助她。可能她会让你使用撇奶器。转动搅乳器没什么好玩的，只是在黄油形成的时候才有点意思。

蜂群

炎热初夏时的蜂群通常在树上，如果打开窗户，有时候也会在屋子里，有时还会在离地面较近的矮树丛里。蜂群在树上聚集时，你可能会认为一股黑色的暴风雪正在蜂群四周肆虐。聚集的蜂群会变得越来越大，直到半个小时左右之后才会安静下来。于是摘取蜂窝的时机到了。这是最有意思的事情，不过你必须万分小心，不要离它太近，以免发生事故，因为蜂儿会被你激怒来蜇你。

如果农夫有新建的、配有玻璃罩的木制蜂房，他会欣然让你透过玻璃往里窥视，看看蜂儿的繁忙工作。在此之后，你应当读一些介绍蜜蜂神奇的工作分工的书籍，其中我最看好的一本是约翰·拉伯克爵士撰写的《蚂蚁、蜜蜂与黄蜂》一书，其可谓是有关此类知识的百科全书，里面有很多有意思的文章介绍了相关内容。

奶牛

照看奶牛的男人是非常值得一交的朋友。他甚至会允许你试着挤奶，而这项任务通常只赋予那些特别有天赋并且成功挤过奶的孩子。他还会教你了解奶牛们的名字（在某些农场，奶牛的姓名会被粉刷在每间畜栏上，例如普里米罗斯、莱特福特、斯韦特里普斯、克洛弗等等），甚至可能让你在挤奶时间将它们从牧场接过来。

绵羊

一般说来，绵羊没有什么情趣，尤其是在那些地位较低的农场。不过，尽管绵羊一般比较愚钝，但也有两种场合它们不是这样，即洗绵羊和剪羊毛的时候。洗羊人屈膝蹲在溪边，身穿防水的衣服，逐一抓住挣扎的绵羊的羊毛，将它们往水里按。剪羊毛是一项技术活，不过绵羊很少有不舒服的时候。绵羊要在强制中做出各种姿势（比如一只羊背对着你，另一只则将头夹在剪毛人的双膝之间），而剪刀则在它的全身不时"喀嗒喀嗒"地响着。剪羊毛时，并不是像理发师剪我们的头发那样一小块一小块地剪下，而是将整块羊毛都剪完之后再完整地取下来。

铁匠

可能当你在农场的某一天，主人需要去打马掌，这样你就可以跟着他们去见铁匠了。铁匠当然是一个非常重要的值得打交道的人物，如果你所住的乡村离某个铁匠铺非常近，那可是你的运气好。有些铁匠允许朋友就站在铁匠铺里面，而不是只站在门口，那是陌生人只能待的位置。可能当铁匠打马掌的时候，会让你帮忙拉风箱，也有可能当他手中没有多少活的时候，会给你一个铁环，那可比你买的便宜得多而且也结实得多。如果天气炎热，苍蝇会非常讨厌，因为它们会叮那些打了马掌的马匹，使它们不得安宁。这样就要有人站在马儿旁边，用一根绿色的树枝不停地驱赶苍蝇，而这项工作也可能落在你的身上。

鸟巢

春天待在乡村的好处之一，是鸟儿会在这个时候筑巢。五月的天气还不是非常炎热，没到坐在室外晒太阳已经非常惬意的时候，但是鸟儿却在这个时候筑巢了。我在本书中说什么"不要取鸟蛋"之类的话已经没什么用处了，因为对一个人来说，仅仅找到这个鸟巢再找那个鸟巢而不取鸟蛋，是不会让他心满意足的。不过，无论对于谁来说，并非由于收藏的需要而一次取两个以上的鸟蛋，都是令人遗憾的。对你来说，一枚蛋已经足够，而且少一枚鸟蛋一般也不会迫使鸟儿放弃这个巢穴。当然，如果你确认这个鸟巢已经被废弃不用，那么将蛋全部取走也没什么错。要判断这一点，你可以到同一个鸟巢光顾两三次，如果鸟蛋始终又凉又湿，也没有鸟儿来过的迹象，你就可以肯定地认为鸟儿已经放弃了这个巢穴。鸟儿在大自然中的天敌已经不少了，如果我们再伤害它们，就说不过去了。

蝴蝶

当鸟巢建好、天气又开始热起来的时候，就可以抓蝴蝶了。再次声明，本书的目的并不是挖掘事物的细节，因为这个话题太泛了。我们只用说，你需要的工具只是一张很大的绿色软纱网，一个带有玻璃塞的捕捉瓶，一个带有软木塞的盒子（用于在蝴蝶死后装上它们），以及在家里使用的昆虫标本板。优秀的标本收集者会非常小心地将蝴蝶从网中转移到瓶里，生怕它们的翅膀受到摩擦或者被折断。而在将其从瓶中取出来并装进盒子之前，你必须很肯定地确认它已经死亡。将蝴蝶放进瓶子的方法，是将它赶到网的某个角落并使之待在那里不动，然后悄悄地把瓶子放进网里，移去瓶塞，并将蝴蝶摇晃进瓶中。瓶塞移开的时间要尽可能短。如果想要找一些蝴蝶收集者使用的手册或指南，可以参考《阅读书目》部分的内容。

收集花朵

收集花朵是更安静的消遣方式，也非常有意思，此外，它还和取蛋、收集蝴蝶标本不一样，没有季节的限制，可以一年到头随时进行。出于这种考虑，所以有人制作了锡制容器，上面有带子可将其挎在肩膀上，这种容器可以保持采集的植物清凉而新鲜。不过，也没必要坐等拥有了这样一个容器才去采花。如果你要走的路不远，找一个普通的盒子或筐子代替，效果照样也很好。你还要有一个压板，制作也很简单：找两块大约一脚之长、六英寸宽的木板，在中间夹上一些吸墨纸。采花之后，先将花儿小心地摊平放进吸墨纸之间，最大限度地展示它的美，然后在夹板上堆上几本书压一压。压迫的重量不能过重，那样吸墨纸就需要频繁更换。你将很快知道挤压的时间需要多长，但是最重要的是，在将花儿转移到标本簿或放到独立的纸张上之前，必须让它们完全干透。最简单的标本制作方法，是将植物茎部相对应的纸片用胶水粘上。不过，如果制作标本时也将植物的根包括在内，从植物学研究的角度看更有价值，而为了实现这一目的，也要求你有一把用于花草移植的长泥铲。若想知道关于花朵收集者的更多信息，有一本手册是必不可少的。此类书很多，如爱丽丝·郎兹伯里的《写给年轻人的野花采集指南》，就非常详细地介绍了植物的生长过程和习性，采用了讲故事的方式，使全书读起来特别有趣。这本书能唤醒你收集野花的激情，看看自己到底能收集多少野花。

如果你有绘画的功底，用水墨画的形式将找到的所有花朵都按原样绘制下来，也是一件很有趣的事，这也是在潮湿的天气里在乡村可做的一件不错的事情。

坚果与黑莓

采摘坚果时，你最好有一把带钩的棍子，用来将树枝往下拉；而在采黑莓时，带钩的棍子就不重要了，但你最好戴上皮手套。黑莓在采摘时应该是干的。雨水使它们的味道消散，所以你必须等到太阳再次光顾，使黑莓重新有了其本来的味道。你很快便会注意到一点：所有黑莓在外形和样式上都不一样。黑莓有很多种类，就像草莓和悬钩子也各式各样一样。有些黑莓很硬，长得很密集，而另一些则比较松软，用手指一压，会出现很大的孔洞。还有些介于这二者之间，此外还有其他种类。如果你想当场就吃，最好选比较柔软的那种，但是，如果想用于烹饪或制作果酱，使用较硬的种类同样不错。

在采摘黑莓时你很快就会发现，最好让阳光晒在你的后背上，因为如果阳光通过树丛照射进你的眼睛，你就无法清楚地分辨出黑莓变黑的程度了。挎着满满一篮子黑莓，那绝对是一道靓丽的风景。黑莓的每个孔洞都会发出一点微光，而千万个这样的孔洞融汇到一起，就会像珍宝一样璀璨夺目。

在九月的大路上，谁也不必饿着肚子，因为每一片树丛中都有食物，可以制作两道大餐。坚果就在身边，随时等你摘取，这是主食的骨干力量；接着又有黑莓，可作为布丁或甜点。花一个小时摘取这两道大餐，然后靠在一棵树下边休息边享用，直到风卷残云为止，这样享受午餐倒也不错。如果你听取我的建议，就不会用牙齿硬生生地去咬碎坚果，而是用石头敲击来代替了。

池塘与帆船

在农场附近一般肯定有一方池塘或一条小溪。如果池塘里的水澄净而又很深，并非处在四面环树的洞底，那么在上面行驶帆船就是很好的选择。在内陆水域行驶帆船要比在海上行船有意思得多，因为拿池塘来说，船儿在一直向前航行的时候，你可以围着池塘绕到另一侧去与它会合。即使池塘里的水并不多，想要开心地玩一场仍有可能。在购买或制作这样一艘小船时，一定要让船底龙骨沿线的铅块有足够的重量。玩具店的老板们可不会过多考虑这些细节，甚至于在他们出售的船上往往根本不放铅块，或者常见的是只放一点点铅块。一旦制成一艘重量适中的小船，你就可以开心地看着它扬帆远航了。在帆船航行的过程中，你最好拿一根顶部带钩的长棍，以便在船到达岸边时将其拉到靠岸的位置。

在溪流中行驶小船

在溪水中行驶帆船不是明智之举，因为这里没有稳定的风向，但是一般的小船会沿着溪流漂浮，而且那场面很壮观。将小船放入溪水中，然后沿着溪岸跟着它一同历险，是很开心的一件事。有时候，它可能会被杂草绊住；有时候，一个漩涡会将它冲进一股回流中；还有的时候，如果有急流出现，它可能会倾覆。不过，用一根长棍子总是能避免这些意外发生。还有一种办法：让某个人先沿着小溪前往某个指定地点，另一个人则派“人”去送信，当然，这里的“人”可以是木块、胡桃木小船、纸船或其他类型的小船。

溪边拾趣

不过，也不一定非得为了享受小溪的乐趣，而在溪中行船。因为你还有很多其他事情可做，这其中不仅仅包括筑起一道水坝，让溪水就此停住或者改变流向。如果你玩这个玩腻了，还可以静静地坐在岸边，观察周围发生的一切：可能有一只河鼠沿溪流游来，警惕地看看四周，一看到你有所动作，它就赶紧潜入水中游走，而在一刹那间，你又看到它在很远的对岸露面了。可能有一只翠鸟一飞而过，或者落在水流上方悬空的树枝上。由于一些人残酷而轻率的捕杀，眼下翠鸟是越来越少了，或许不久以后，我们就再也看不到它们了。

静坐

实际上，保持绝对安静并观察周围发生的一切，对很多人来说是乡村休闲所能做的最快乐的一件事。当周围没有人陪你玩的时候，静坐是一种你所能找到的打发时光的理想选择。

老鼠和鼹鼠

在树林里或其他有枯叶的地方（例如在一条干涸的沟渠里），你往往可以通过耳朵倾听注意到有东西移动的蛛丝马迹。例如，你能听到一只田鼠在沙沙地前行，然后便看到它在用它那奇特的尖鼻子将枯枝烂叶向前推以开辟通路。你还可能看到一只鼹鼠踉踉跄跄地盲目向前。倘若你在乡村时，有幸看到一只鼹鼠被捕鼠笼夹住，那么一定要认真察看它的小爪子，再感受一下它皮毛的柔软。

蛇

有时候，你听到的“沙沙”声可能是一条蛇正在前往某个有太阳的地方，因为它可以在那里晒太阳，睡大觉。非常瘦的褐色斑点蛇或者无脚蜥蜴，都没什么危害性，而体形较大的游蛇也是如此，它的线条和斑纹都有些像鲭鱼。不过，呈黄褐色、带有褐色斑纹并且头部呈“V”字形的蝰蛇都比较危险，你应当躲开它。

蚂蚁

前面我们介绍了一本有关蜜蜂的图书的书名。蚂蚁比蜜蜂的神奇性并不差多少，由于蚂蚁的分工情况能给我们提供更多神奇的信息，因此，如果再了解了有关知识，那么观察蚁丘的趣味性就要比了解之前增加十倍。有时候我们应当记住的是，蚂蚁的巢穴如果被一根外来的手杖搅乱了，那么它们会对比极为重视，其重视程度不亚于将维苏威火山搬过来扣到纽约市的天空上。

燕子和老鹰

在飞行的鸟儿当中，无论是比优雅和敏捷程度，还是比力量和灵敏性，都没有哪种鸟儿能与老鹰相媲美。在潮湿的夜晚，当雨燕飞得又低又平，前后折返同时还带有一阵古怪而悦耳的尖叫声（像一只老鼠）的时候，它们便是在提醒水中的鱼儿警惕桥下清澈的河水中刺过来的鱼叉。而老鹰即使在疾风之中，也能通过将身体倾斜至适当的角度来保持平衡，以至于完美地在空中保持静止，而它始终圆睁的双眼却投向身下的地面，搜索着老鼠或其他飞禽。倘若看到了什么，它的身体会猛然像铅做的一样硬起来，并像一块大石头那样冲向猎物。老鹰能够迅速地爬向天空，它展开的双翼向着微风倾斜，并以美妙的螺旋线直冲云霄。

松鼠

观看松鼠的时节是九月和十月，因为那时山毛榉的果实和榛子的果实都成熟了。在图画中，它坐在那里，长长的尾巴盘在背上，用小小的前爪拿住坚果，但是，我们在现实生活中并不会经常看到它们是这个样子。它时而将尾巴张开放在身后，在地面上欢快地奔跑，时而在树枝上叽叽喳喳地叫着，并在树枝之间来回攀缘。在松鼠采拾坚果的时候，我们看到的它们并非处在最佳状态。它优雅而矫健的移动是可以通过榛子的厚度来判断的。在山毛榉树林中，它奔跑和跳跃的自由度更大。有时候，你会看到二十只松鼠同时坐在地上啃咬山毛榉的坚果。听到你有动静，它们会爬上一根树干，蹿到树干上约一两码的距离，然后突然停下来，非常安静地用恐惧的目光看着你，耳朵则警惕地竖起来。如果你同样静静地站在那里，松鼠会待在原地不动，像树的一部分，停留大约一两分钟，然后便极为狂躁地消失在你的视野中，并到了树干的另一侧。可能在你迅速围着树查看了好几遍，并且认真检查了每一根树枝的情况下，你都无法再次找到它。因此，坐在离山毛榉树不远的一棵树的底下，尽可能少地制造出动静，对你来说会是很惬意的事情。等过一会儿，当你什么也不想，将它们只看成是眼前风景的一个自然的组成部分的时候，松鼠们便可能再次向你靠近。

乡村日记

如果你很喜欢写作，可能会发现坚持写乡村日记是一件非常美妙的趣事。也就是说，找一个小笔记本，坚持每晚将白天发生的所有事情都记下来，包括那些看似不值一提的小事。

小家家

> 当我们看到孩子们根据深藏的规则发展自己的精神和人性时，我们都非常高兴。只有那些经历过的人才有资格体会到收获的快乐。
>
> ——玛利亚·蒙台梭利

如果不是孩子自己制作而成的，哪怕是世界上最富丽堂皇的玩具小房子，带有三角墙和窗户、楼梯、前花园以及最好的室内陈设，也无法让他多高兴。当然，有些东西，比如杯子和碟子、玻璃和瓶子、炖锅及其他厨具等等，都需要到市场上购买；但是，做家务所需的所有必备用品几乎都可以在家里自行制作。

娃娃们的花园

自己动手制作小家家的优点之一，是你可以让它配有一个花园，因为这个花园是玩具店很难提供的。可以把绿色的地毯或其他颜色恰当的布料当成青草地，花园中的沙石小径可以用胶水粘上，或者铺在沙纸上。用褐色的纸做花圃，再用绢纸和电线制作花朵。如果你的房间有地方，还可以增加凉亭、狗棚以及畜栏等设施。

花园中的桌椅

花园中的桌椅可以用纸板和软木制作。比如座位，可以用一张两三英寸长、不太像纸板的卡片来制作。将卡片沿纵向用小刀划上一道痕，然后将卡片折起来，这样便做成了椅子的背面和座位。将四个柔软的小木块粘到椅子上，当成四条腿，再将整个椅子染成绿色。如果将四个软木腿粘到一块硬纸板上，则会成为一张小桌。

房子

娃娃屋几乎可以用各种盒子来制作。最简单也最小巧的一种，是用装雪茄的烟盒，并用软木制作家具（怎么制作后面还要介绍），或者用书柜或碗柜中的两块低层隔板也可以。不过，最好是用一个比较大、做工精细的包装盒，用木制的硬板将其隔成两间、四间或六间房，具体数量根据尺寸要求来决定。当然，特制的盒子最为理想，你可以将其分隔成四间或六间屋子，还应当有一个倾斜的屋顶，以便提供放盒子或特殊家具的阁楼。房子的外面要粉刷，或者糊一层明快的黑纸。每个房间的墙上都要开出一至两扇窗户，这可以由制作箱子的木匠来做，每个房间还必须有门。将一块薄玻璃裁剪至适当的尺寸，就可以固定到窗户上了。不过，在做这件事之前，先要用纸将房子糊一下。最理想的纸是图书装订商用来制作内封面的那种纸，因为这种纸非常精美而又小巧；但是并不容易找到。因此，图案小巧的纸或者被我们称为“衬纸”的纸张都可以，而且这些纸的颜色挑选也很有自由度。纸张必须很平，可以用面团糊上墙壁。糊墙时要先从顶部开始，将纸在墙上按紧，然后轻柔地让其平整地向下粘上。此外，你还可以用很小的玻璃珠（制作框架的人常用的那种）分隔出台座或中楣，也可以用着色的线来代替，但制作出的台座或中楣必须又直又平。

壁炉

接下来应当制作壁炉，当然，你既可以购买，也可以自行制作。要想自己动手，不妨找一个比较硬的纸箱的盖子，大约4英寸长、2英寸宽（不过它的尺寸必须与房间的大小相匹配）。先仔细地在它上面裁下1/4。用金色或银色的纸糊上它，这块较小的纸板就成了火炉围栏。接着，将剩下的纸板的两侧裁掉，只留下中间空白处的顶端，就做成了一个壁炉架。将其背面糊到墙上，从搁板上挂下小小的帘子，再在炉架上添加一些装饰，壁炉就做好了。用涂成黑色或红色的硬纸板也可以仿做壁炉。

装修游戏

在为房子装修的时候，可以玩一个很好玩的购物游戏。实际上，从你拥有裸房开始，就可以竖起一块写有“进来买东西”的标志的纸牌子，那将迅速吸引到处找房的玩具娃娃们。当然，你自己要身兼产品制造商和商店店主两种角色。最好是每卖出一样东西，就认真地将其入账，而你在商店的橱窗中展示的产品越多，效果就越好。当然，这要求所有装修房间的娃娃们都要有很多钱。

窗帘

前面提到了窗户，不过窗户绝对不是必不可少。即使你没有开窗户，也应当拉上窗帘，因为它们可以使房间更具美感。窗帘可以用亚麻布制作，底部的边缘镶一道边，然后用钉子钉在窗户正上方的墙上。白天时，将窗帘卷起来系住。白色窗帘应当用带子固定，或者在窗户两侧用钉子或图钉钉上。窗帘应当有垂感。衬里比较沉的窗帘可以悬挂在一根铅笔上（铅笔可以上色，也可以保持原色），然后用两个带图案的螺丝钉固定在两端。当然，有些玩具小屋的窗帘可能与真实的房门配套。不过，如果你家不是这样，也同样可以用铅笔上悬挂帘子的方式，在门口挂上门帘。

地板

地板上可以全部染色或绘画，也可以沿着边缘染色或绘画。地毯最好不要由普通的地毯制成，因为那太厚了，而是可以用彩色帆布、印花棉布、薄毡布或哔叽精纺毛纱布。用彩色材料制成、周围有斜十字纹路或刺绣的小垫子也非常漂亮。此外，还可以使用好看的席子，油布则最好用在厨房里。

对家具的一般性说明

在本书的另一个地方，读者朋友们可以找到制作各种既小巧又简单的玩具屋的提示，不过，对于大多数人来说，如果想要一个带几间大小合适的房间的精致玩具屋，最好还是去买成品。方桌当然容易制作（实际上，在一个纸箱盖上粘四条腿就是你全部要做的事），还有其他一些物品也可以在家里做得很好（只要你善于开动脑筋），至于怎么制作，你读下去就知道了；但是，椅子和圆桌等陈设可能还是从玩具店里购买才最能令你满意。无论是购买成品家具，还是自己动手制作，你都要始终牢记房间和玩具的尺寸，你已经拥有的各式家具的大小，这样无论买什么，比例都会很合适。

床

床可以用各种尺寸的硬纸盒制作。将盒子翻过来就成了床体，而盒盖则应当垂直地固定在床边，以方便悬挂床帘。这些床帘和床周围的装饰品可以用各种材料制成，例如细棉布。床垫、靠枕和枕头最好用棉花制成，外面包上细棉布或白棉布。床单也可以用细棉布制作。枕头套应该镶边，而毯子可以用法兰绒做成，四周用彩色丝绸或羊毛线缝合。被子如果用柔滑的丝绸来制作最好看，也可以用细棉布包着彩色缎子以与床帘搭配。此外，不要忘了放女睡衣的小箱子。玩具娃娃睡的床可以用火柴盒按照相同的方法制作，而婴儿睡的舒服的小帆布床用胡桃壳做就可以了。

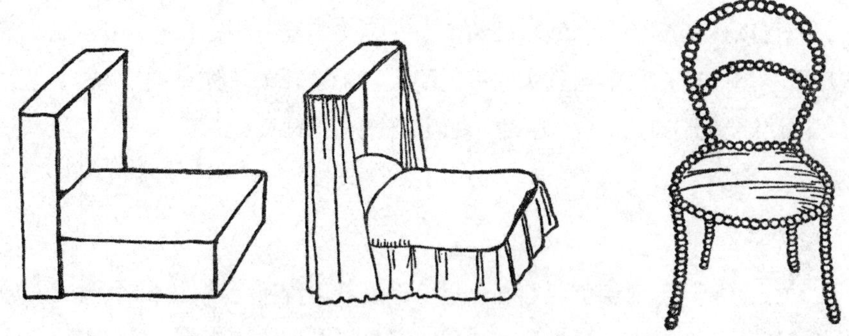

用硬纸盒做的床；珠子制作的用品；珠制椅子

椅子

椅子可以用电线、珠子、一点丝绸或棉料以及几块纸板和棉线制成。用这些材料做椅子的时候，要先剪一块纸板，大小和你想要娃娃坐的面积尺寸相当。在纸板上铺一块棉布填料，然后仔细地把它盖好。用一根结实的电线穿上足够多的珠子，沿着椅子的座位四周围成一圈。然后把这个东西牢固地缝在座位上。接着，将珠子穿在四条电线上至合适的长度，作为椅子的四条腿，别忘了留出一点线头用于和椅面固定在一处。之后，用一条更长的电线来制作椅背，将其弯曲成一定的形状，再以同样的方式连到座位上，并在椅背的中间部分再用一截电线穿几个珠子。你的工具中要有一把用于剪电线以及将各个部件安全地固定在一起的钳子。

图画

挂在墙上的图画非常容易制作。图画本身可以是剪下来的或现成的小照片。将它们粘在一块比图画本身略大的纸板上，在纸板边沿粘一根彩色纸带作为画框。挂画的绳子可以用一截棉线，将其和图画一起粘在墙上。如果希望画框更精美一些，可以用纸板来裁剪，并用彩色丝线镶边，再在框上绘上金色。之后，只用将图画粘上去就行了。

书架和图书

最简单的书架是那种用钉子挂在墙上的架子。可以先剪两三块硬纸板，大小与你想要的搁架差不多，然后在每块纸板的角上打洞。用长度四倍于纸板长度的丝线或棉线穿过这些洞，然后用钉子将其固定到墙上。注意每块书架搁板之间的距离要适当。

图书的制作也很简单，可以由几张细纸片缝到一起制成，在上面放一个彩色的封面，写上真实的或自创的书名。有时候，在这些书中还可以讲述真实的故事。

其他设施

娃娃屋中的设施应当尽可能完善，虽然这要花费很长时间来准备，但是这项工作自始至终都特别有趣和吸引人。娃娃屋的女主人应当把玩具娃娃的房间当成大人的房间来准备和布局各种设施，因此，如果她认真察看一下自己的房间，就可以看到有哪些东西可以复制了。娃娃屋里应当有垫子，用于不同桌子的漂亮桌布，放在卫生间里的梳妆台布和毛巾，脸盆架旁边使用的喷头，放在洗手池下方的小垫子，挂毛巾的架子以及厨房里用的围裙等等。

所有这些用品都要用最细密、最精美的材料制成，裁剪的时候要百倍小心，缝制的时候要一针一线。娃娃屋里壁纸的颜色要明快而美丽。如果你有好几间屋子，不妨设计一个粉红色的房间、一个蓝色的房间和一个黄色的房间，而每间房子都要有相应的不同颜色的用品。对于娃娃屋的主人而言，可能没有什么材料比细棉布更有用了，因为它既柔软又便宜，还非常好看。

说到可以自行制作的其他家具，我们还可以找到屏风（用纸板和边角料制成）、放在钢琴上的琴谱、手杖、花朵（用彩色的绢纸和电线制成）、花盆（在掏空的软木外面包上红纸）、盛放棉缺口和玻璃缺口的碗柜（用小纸盒制作，里面配上搁架）以及许多其他小东西。总之，只要你认真察看自己的房间，就会什么都想起来了。甚至连自行车都可以用纸板来仿制，放到客厅里。

居民

至于玩具娃娃，数量越多越热闹。他们不仅价格便宜，而且给他们穿衣打扮也很容易，因此，你完全可以让他们的家庭成员数量很多，而且经常去他们家拜访的朋友也不少。首先必须得有一位父亲和一位母亲，有一个婴儿和几个孩子，还要有佣人（戴着粗布帽子，系着粗布围裙）。当然还需要有一位新娘，不过，平时你要把她藏起来，等到有婚礼举行时再拿出来。

穿衣服的玩具娃娃

给这些小玩具做衣服，还要让他们的衣服方便穿上和脱下，应该说是一件很困难的事，不过，只要有可能，最好还是尽量做到这一点。不管怎么说，他们的帽子要能摘得下来。最精细的材料可用来做质地最好的内衣，粗布材料则可以制作外衣，因为粗布能够使这些娃娃站起来。为小家家里的玩具娃娃穿做衣服的时候，手套上的纽扣以及非常窄的锻带或丝带，都能用得上。

娃娃们的宴会

娃娃们偶尔也需要聚会。食物可以是真的，也可以是仿制的。如果是真的（例如葡萄干、糖果和剥好的糖块），那么开宴会时会更有乐趣；不过，倘若是假的，你就要多花些时间制作它们了。取一点面粉，将盐和水添加进去，混合成一个像泥块一样的硬面团，然后用模子把它制成一块牛肉、一只鸡、一条羊腿以及土豆、馅饼或与其他食物相似的东西，放在火炉前边烤干。烤干后，用水彩为其着色，使其更加逼真。如果你家花园里有泥土，就可以直接用泥土来制作它们以及许多其他食物。

娃娃们的公寓

正如有些人不仅住在家里，还住公寓一样，娃娃们不仅要有房间，还需要有公寓可住。娃娃们的公寓可由一块纸板作为地基，上面用单个积木拼成各种房间的形状。例如，一套有四间房的公寓可以这样布局：

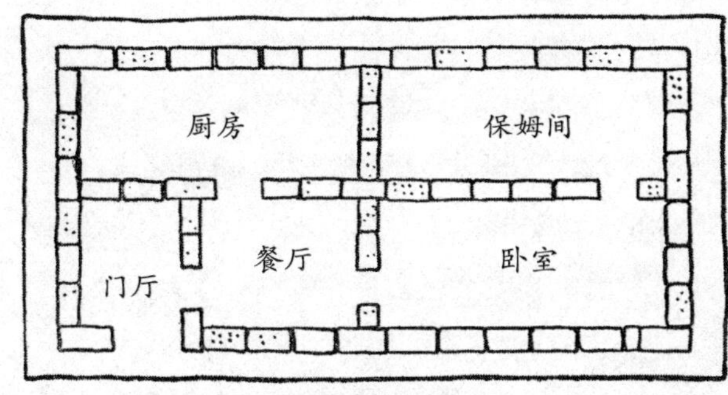

娃娃们的公寓

当然，也不一定非得将积木垒在板子上，放在地板上效果同样不错。只不过放在地板上的时候，你游戏玩完了之后必须将它们全部移走，而放在板子上，下次你直接搬来玩游戏就行了。另外，墙壁也不一定非得比一整块砖头高，因人而异。墙砌好之后，家具和娃娃们就可以放进去了。

较小的娃娃屋

到目前为止，我们介绍的都是比较大的娃娃屋。不过，也有一些较小的房子，当然，里面放的家具尺寸也要小一些。这些娃娃屋可以用纸板来做（如前所述），也可以只用小盒子制作（哪怕雪茄烟盒都可以），此外，只要你愿意，放在里面的所有娃娃和家具都可以用纸做，或者用我们现在推荐的材料制作。

用软木和火柴盒做家具

这种家具只要做得精心，也是会很成功的，而且它几乎没什么成本。普通的大头针就可以做很多事，当然，质量好又美观的大头针效果会更好。用天鹅绒或薄布来做餐厅里的用具是再合适不过了，丝绸可用于客厅，而一些浅色的棉制品则可用于卧室。

材料

你需要的东西有：

几块质地好的木块或腌菜用的软木塞，用于制作较大的物品；

几块又结实又美观的绸布或天鹅绒布；

一些大小不等、结实耐用的大头针（头部为纯白、纯黑或彩色的大头针最好）；

一些能与丝绸或天鹅绒布匹配的毛线、丝线或银丝线；

一根结实的针和一轴棉线。

椅子

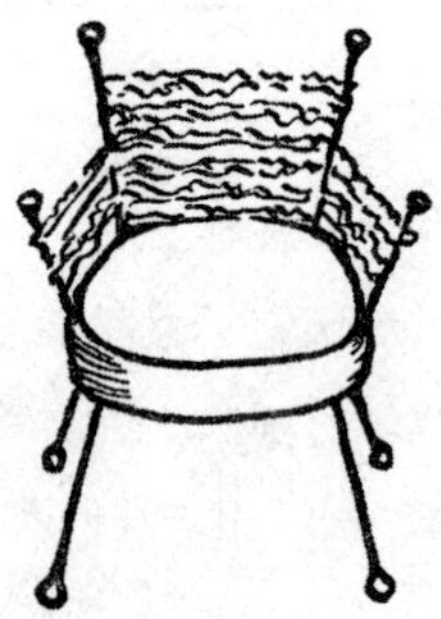

软木做的扶手椅

剪一块圆形或方形、大约1/4英寸厚且直径或对角线为1英寸左右的木块。用一块绸布或天鹅绒将它盖住，让所有的针脚都位于木块的背面，作为椅子的下底面。将几根大头针牢固地插进木块的各个角中，作为椅腿。用细毛线或丝线将每条椅腿缠结实，尽量不要留线头。椅背的制作方法是用4根大头针扎在一起，然后用毛线或丝线来来回回地缠上去。开始缠绕和缠完的时候，都要在毛线上打一个小小的结。用同样的方式也可以制作扶手椅，不同的是扶手椅规格更大些，而且要加上扶手（用较小的大头针来做）。

用栗子做的椅子

用栗子做的椅子

用栗子就可以做出很好看的餐厅用椅。用栗子壳较平坦的一面作为椅面来坐人，并且用大头针扎进去做成椅背（如果有必要，还需要扶手），然后用银丝线把几个大头针绑起来。其他大头针则扎进栗子壳的下方作为椅腿。

沙发

做沙发的时候，需要有一块长约2英寸、厚约0.5英寸的软木块。先用布将这个木块包起来，然后用很短的大头针扎进去作为沙发脚。之后，在木块的一侧和两端扎进一排短的大头针，并用毛线整齐地来回绑住它们。

桌子

圆桌最好用大小不同的软木片来制作，并用非常结实的大头针来做桌腿。如果制作方桌，则用一个木制火柴盒的外侧作为桌面，并用四个小的医

美观的桌子

用瓶塞粘到下面作为桌腿。无论是制作哪种桌子，将桌腿固定牢固，保证每条腿长度相同，这两点都相当重要。桌子上不一定要铺桌布，不过要是有条件，还是可以用一块丝绸布铺上去。至于桌布的边缘，可以折叠起来，也可以缝上线作为镶边。吃饭用的桌布最好用白色的。

找一块圆形而扁平的木块，在其四周用大头针相隔一定距离扎进去，就可以做成漂亮的桌子。在大头针上用丝线或银丝来来回回地缠紧，直到将大头针完全盖住。（见上图。）

脚凳

用布将几个小木块盖住，就成了脚凳。

标准的灯具

结实耐用的标准灯具可以这样制作：找一个小小的空棉线轴，在上面镀金或绘画，并将一个薄笔架的木制部分牢固地粘上去。在台灯顶部，用胶水粘上一个圆形的木块，在这个木块上可以放灯罩。可以用红纸做一个药剂师经常在药瓶上放的那种小帽子来充当灯罩。

材料

卧室用具

你需要的东西有：

两个大的木制火柴盒；

几个不同尺寸的木块；

几块印花棉布（可以是棉制、法兰绒、亚麻或油布）以及一点棉花；

一个空的核桃壳；

几根已经去掉头部的木制火柴；

不同大小的大头针；

毛线、丝线或银丝线，用于制作椅背的那种；

一管胶水。

床

要做一张床，先要将火柴盒里面的内盒拿出来，然后将其底部去掉。拿两根去掉头部的火柴，用胶水把它们粘在床头的两个角上，要让火柴棍的一部分伸出床的下方作为床腿，露在上面的部分作为床栏。再拿两根相同长度的火柴，使其较短的外露部分作为床腿，同样将其固定（与前两根已经到位的火柴距离相等）。在这些火柴上面，再放上另一根火柴作为床栏杆，这样床头就做好了。至于床脚部分，只用完全重复这些操作即可，不同的是所有处于垂直状态的火柴都要比床头的短一点。之后，要在床上放置床垫。床架一经制作完成，应当和附图中的样子差不多。现在，制作的小床垫要和床的大小完美兼容。床垫中可以塞进棉花或糠。此外，还要制作枕头、毯子、床单和一条精美的被罩。而且在床的周围还要用一条很窄而又很小的镶边作为装饰，以从外观上让人看不出其是火柴盒为宜。

用火柴盒制作的床架

好看的婴儿摇篮可以用半块核桃壳制作而成。在壳的一端垂直着固定一根火柴，在火柴的顶端挂上蚊帐。

梳妆台

用做床剩下的火柴盒外壳，可以做成一个梳妆台。将其用于划火柴的那一面立起来，在上面沿其边缘粘一层（或缝一层）浅色细线，再在上面放一点用棉布做的装饰。在台面上放一小块白布。将一块方形锡箔纸贴在一块纸板上，就可以做成镜子。

脸盆架

拿另一个火柴盒的内盒，将其某一侧着地立起来。拿五六根火柴，将其剪至合适的长度（所谓合适，是指当它们垂直着排成一排等距离地粘在火柴盒背面时，能在火柴盒上方留出1/3英寸的长度）。在火柴盒面上铺一层布，就像制作梳妆台那样。再在盒面上铺一小块油布做的垫子，然后再做一块大一点但材质相同的垫子，挂在盒子的前方。当然，大小合适的水壶和脸盆需要购买，不过用橡子壳或其他坚果的小壳也可以做出非常漂亮的玩具脸盆。

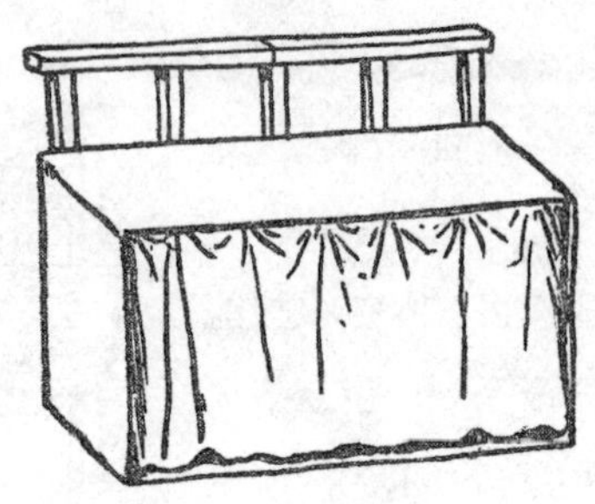

火柴盒制作的脸盆架

衣柜

衣柜的制作方法如下：将一个火柴盒的内盒立起来，在里面固定几个小钉子（用胶水粘上火柴棍即可制成），再在前面挂上两张小帘子。如果制成后它看上去显得太低，可以用四个小木块把它垫高一些。

毛巾架

毛巾架用六根长大头针和两块小木板就能很容易地制作完成。

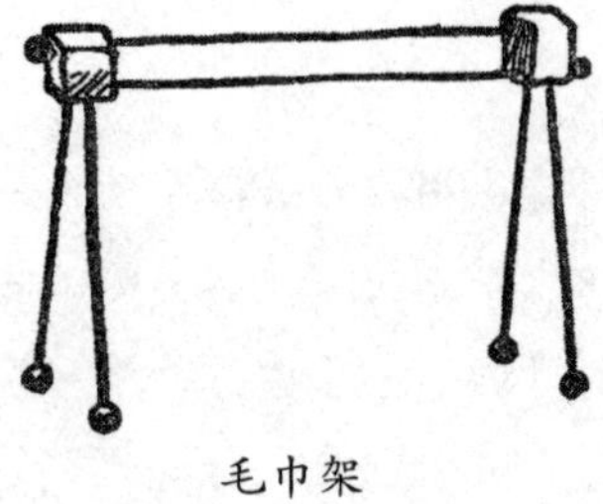

毛巾架

衣物篮

要制作一个衣物篮，可以拿一块厚约0.25英寸的圆木块，在其周围密集地扎上一圈大头针，（如图所示）然后用毛线将这些大头针绑在一起即可。

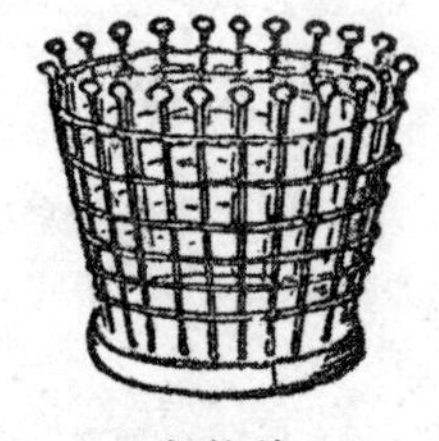

衣物篮

用纸板和纸张制作小家家和娃娃

> 真正纪律的第一线光明来自于工作。在某一特定时刻，恰巧孩子正对一件工作非常投入，这可以从他的面部表情、注意力以及对同样练习的坚持当中体现出来。这样孩子就迈出了指向纪律的第一步。
>
> ——玛利亚·蒙台梭利

纸板娃娃屋如果再配以纸制家具和纸娃娃，也是普通娃娃屋不错的替代品，而且其制作过程亦不无乐趣。制作纸制娃娃屋的最简方式，就是从一整块纸板上将所需要的所有组成部分全部裁剪下来（隔间和屋顶除外）。

这里提供的制作方案，是制作一套两居室的乡村小屋，你可以根据自己的喜好对其大小进行倍增（或者按照纸板的大小来确定最大尺寸）。制作本方案所使用的实际模型（这套房子是按照一张高质量的布里斯托优质纸板来构建的），其整块地板的尺寸为8英寸宽、14英寸长。端墙的高度为5英寸，边墙的高度也为5英寸，中墙斜坡的最顶端为7英寸高，隔断墙的高度也为7英寸。屋顶要比地板稍微宽一点，以便制作较宽的屋檐，而且还可以再宽一些，因为不仅有制作屋檐的需要，也需要考虑弯曲纸板以形成倾斜的角度。

你要做的第一件事就是裁定房子的轮廓。所有的测量数据都必须高度准确，因为一点点误差就会使房子制成后无法严丝合缝地拼到一起。测量结束后，就开始裁纸板。裁剪之后，要画出门窗。接着，将纸板铺在一块板子上，用小刀沿着窗户的每条边线以及门的三个边裁剪，直到将纸板划穿。将一把直尺压到铅笔画的直线旁边，可有助于小刀裁出标准的直线。窗户上的窗栏可以在事后用粘上的纸条来代替。在裁剪门的时候，如果在其三条边上都多留出一条缝，将能使门更方便地打开和关闭。

为了使前门很好打开，要将门的合页线（图中标有KK处）朝里面裁出一半。沿着这条线粘一条窄纸条或麻布，合页就牢固了。在标有H的三个点上要留出小切口，以便之后在切口中插入标有G的隔断墙的纸销。

在纸板房处于平坦状态时，所有的绘画和关键部分都要在双面进行。内侧的门要有门把和锁眼。在窗户上可以粘上小云母片以代替玻璃。

此外，还要用有皱褶的绢纸制作小窗帘。如果你愿意，可以很容易地用彩色纸片糊在墙上以增加美感。不过，如果是这样，需要耽误你一些时间，因为糊上的纸需要压实。墙纸上的图案画上去就可以了。

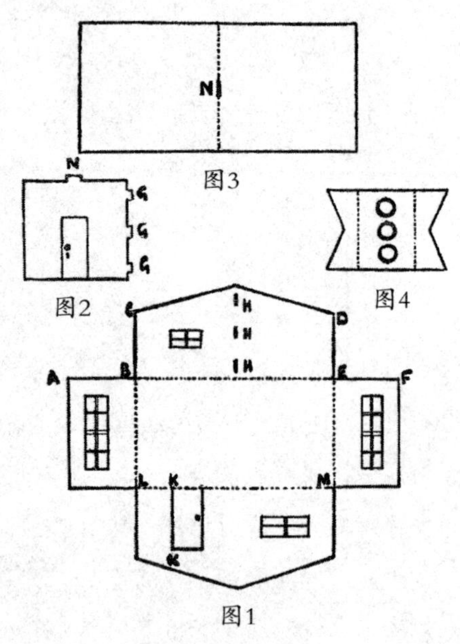

纸板制作的娃娃屋

在外侧（即纸板的下面），要做的事情也有很多。墙壁和房顶都要上色，还要仿制瓦片、砖头和攀缘的藤蔓。前门要有门环和信箱，门窗周围还要画出框架。考虑到四面墙壁朝上的接合处要用着色的麻布来模仿砌砖或砌石，因此在为墙面着色的时候没有必要一直描到边沿处，因为这块地方要被接合处盖住。最好在贴好墙纸之前就把接合处着好色。

在将纸板再次翻过来之前，可用小刀沿着地板的四条边朝下压一下，以帮助墙面弯曲。不过，千万不要将其刺穿，而只需划出一点压痕。

当你认为使房子完整而美观的所有部位都已经绘制和着色完毕的时候，拿起你的麻布（加固墙壁），将其沿纵向折成两半，然后将其中一半粘到图中标有CB和DE的墙壁外沿上。等这一部分干了之后，再将后墙和两侧的墙折起来，然后将麻布剩下的两边粘到标有AB和EF的墙上，并将各墙面牢固地结合在一起，直到完全黏合。将折痕LM牢牢固定，方法是将一根麻布条粘在它下面，使其起到房子前部的枢纽作用。前墙的两侧要始终保持分离状态，这样才能形成一个开口。

竣工后的房子是这样的

隔断墙

现在来制作隔断墙。将三个标有GGG的销子穿过HHH切口，并用胶水把它们从外面粘牢（这一部分必须要用颜料着色）。然后就需要将房顶装上。切一道约1英寸长的如图中标有N的口子，使其与隔断墙上同样标有N的销子相吻合。用小刀沿着下面的画线部分压一下，然后将其折出适合的角度以便与带有坡度的墙面相匹配。屋顶与端墙接触的地方，必须用麻布条或纸片粘上后固定，其折叠方式与前面一样，但要有一半牢固地粘在墙上。必须在它比较干燥之后，才能将其另一半粘到屋顶上，这一点很重要。

烟囱

烟囱是最后要制作的部件。先将纸板着色，然后折成两侧向下的部分，在上面打三个小洞，并将三个烟囱塞进去。烟囱的制作方法是将小纸条折起来，染成红色，形如一个笔架，并将其边缘部分粘到一起。烟囱要用很小的带有胶水的纸条，固定在屋顶的倾斜部位上。需要记住的是，所有用于加固的小纸条，都要用颜料着色。图中竣工后的房子上的烟囱，安装在屋顶的一侧，不过要是安装在屋顶的屋脊上，也是很好的选择。

花园

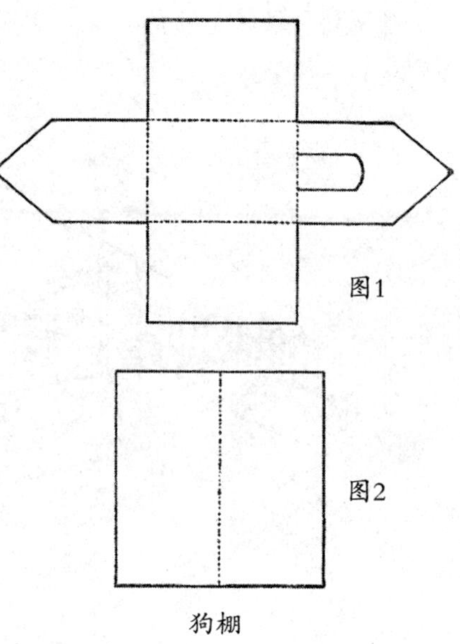

狗棚

小屋子制成之后，可以把它固定在一块木板或纸板上，形成花园，并且这也会使房子便于移动。可以用纸板剪出篱笆和园门，然后把它们染成绿色。用胶水在纸板上滴出一条窄窄的小路，并趁胶水没有干的时候，在上面撒一些沙土以模仿砾石，这样就有了一条通往房子前门的小径。可以用青苔来模仿常青树，用绿色的布块制作花园中的草地。凉亭、花园椅以及桌子都可以轻易地在纸板上裁出来。此外，兔棚、水泵、鸽房和狗棚同样可以裁剪出来。下面的示意图给出了实际尺寸大小的狗棚的制作方案。

另一种制作方法

当然，用好几块纸板而不是一块来做房子，也是完全可以的。墙和地板可以分别制作，然后用麻布条来连接，但是这种制作方法增加了工作难度，而且竣工后的房子也不太稳固。

《用胶水粘起来的房子》

还有一种很新颖的纸房子，有人用一本书进行了介绍。书的名字叫《用胶水粘起来的房子》，它由画有房间的图片组成，这些图片分别放在相互独立的纸上，但房间里没有家具。游戏者的任务就是将家具刻出来，排好，然后粘到合适的位置上。书中的示意图画出了图书馆以及里面所使用的各种用具。还有一种纸娃娃可以通过裁剪来制作，用以表示房子的主人。另外，两本同类的书《胶水粘合的乐趣》和《胶水讲述的故事》。这些书可以方便地一起买到，制作的过程也很好玩。

纸制家具

纸制娃娃屋里的一切人和物，都可以用纸来制作；如果着色得当，家具甚至可以制作得像木制的一样栩栩如生。在裁剪出下面介绍的一两件模型并将其拼接到一起，从而掌握了纸制家具制作的基本原则之后，你就可以将此处介绍的各种物件一一添加进去，甚至发明一些样式新颖的其他传统家具（比如桌椅）了。

鱼胶和胶带

鱼胶和胶带是两种最可能被用于制作纸制家具的工具。鱼胶干得非常快，而且黏合的效果还非常牢固。鱼胶可以从市面上购买，一次买一点就可以。而胶带主要的用途一般是修补唱片和书中撕坏的页码，它往往缠绕在廉价的线轴上。

自制圆规

买一把圆规是很好的想法，不过这种既方便又实用的工具完全可以自行制作。剪出一个窄纸板，大约4英寸长，在上面每隔一段距离便打上一个直径约为0.25英寸的眼，以铅笔的笔尖能穿过去为宜。将纸板的一端用大头针固定在纸上，你便可以用另一端画出一个任意尺寸的圆，最大可以画到直径8英寸。

材料

制作纸制家具需要用到以下材料：

几张较硬的信笺纸或绘图纸。一把剪刀。一把小刀。一个扁平的直尺。一根绘图笔。一盒颜料。一块用来裁剪的纸板。一卷胶带。一瓶胶水。

描图

如果需要描画图片，则还需要描图纸或透明的便笺纸，以及一张复写纸。描画图片时，先用纸将它盖上，然后准确地描出来。然后再用一张复写纸盖上你打算用来裁剪家具的纸或纸板，复写纸的黑面朝下，并在复写纸上描摹。描摹的时候，要用笔尖很细的铅笔或尖头的细棍，这样，通过复写纸，就可以将线条印到下面的纸上了。

本章提供了纸制家具的制作方案。可以用硬质的便笺纸、沃特曼高级绘图纸或者布里斯托尔优质纸板来制作。所提供的图片是可以被复制或描摹的。但无论是复制还是描摹，都必须加倍小心，尺寸要非常精确，线条要非常直。可以用一张小纸条来辅助测量。

我们给出了很多设计方案，以演示各种不同的家具是怎样制作的。当然，对这些方案你也可以修改和完善，而屋内的许多小物件，如炖锅、餐盘、时钟等等，都可以从货物清单中复制过来，添加到附图当中去。

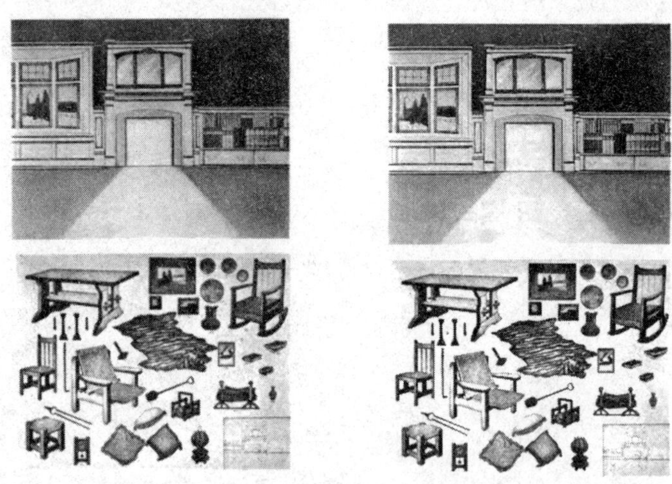

《用胶水粘起来的房子》一书中摘录的图书馆及其陈设

虽然这些小摆设在裁剪的时候是扁平的，不过，如果在每个物品下面再垫一张纸，并将制作出的摆设折起来，它们就都会站直了。

总体说明

椅子的前腿、桌子腿以及家具的背面等处，都要用窄纸条或胶带仔细地黏合起来。要完成这项任务，先要剪出尺寸相当的纸条，从中间将其折出一条缝，然后粘上一侧。等到有胶水的地方干了，再在另一侧涂上胶水粘到指定位置。

图片中标有点画线的地方，均代表纸张需要折叠的位置。这样，我们就能很容易地看到哪里需要往上折，哪里需要往下折。

家具在折叠之前，应当先给其着色。对于木制、铁制、铜制以及丝绸制品，都可以在颜色上进行模仿。

在裁剪纸板上细小的部分（比如椅子上横杆间的缝隙）时，要先将纸片放到一块板子上，然后拿起刀尖很锋利的小刀，对照一把尺子，沿着你想裁出的线条一下一下地往下划，直到将纸穿透为止。如果家具用纸来制作，空隙部分可以用头部很小巧的剪刀来裁，可以先从空隙部分的中间位置开始，因为一开始的切口边缘肯定有些粗糙。

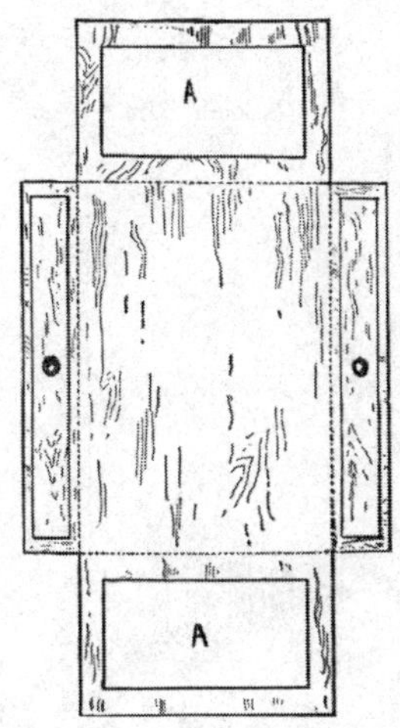

餐桌（将标有AA位置的长方形裁下来）

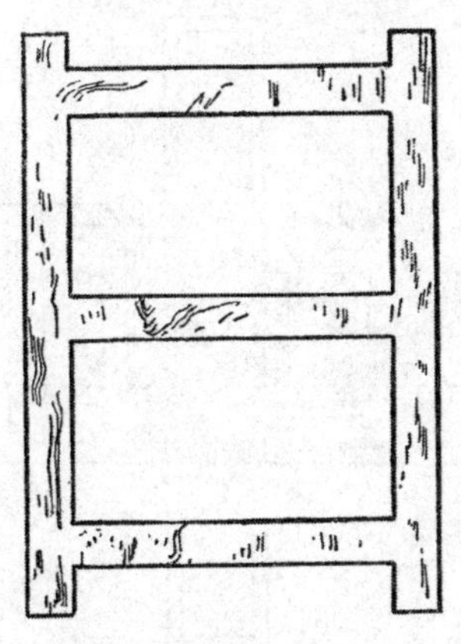
屏风（将一张纸折成三个相等的部分，并按照图中所示进行裁剪）

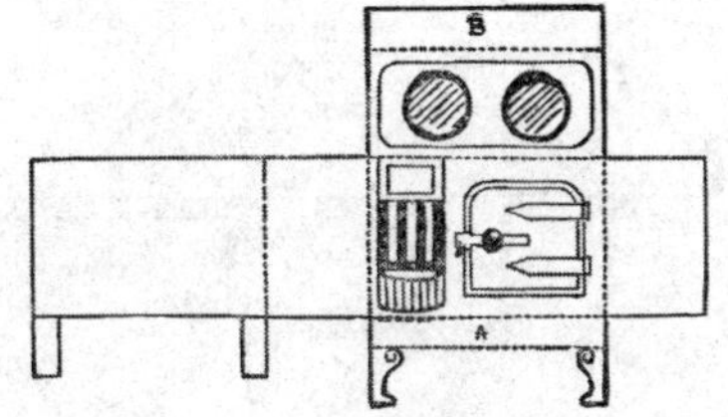

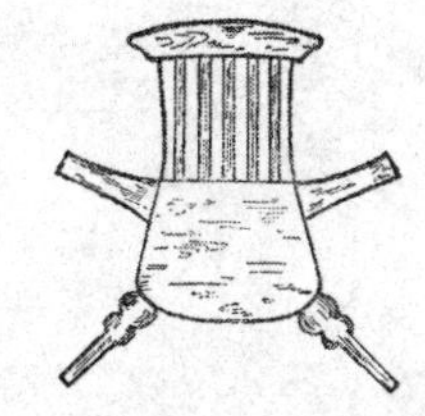
厨房用的炉灶和餐椅（将标有A的部分折起来，形成一个放餐盘的架子，B部分则向下粘到背面）

各种壶和锅（将下面的部分折到背面，使其能够直立）

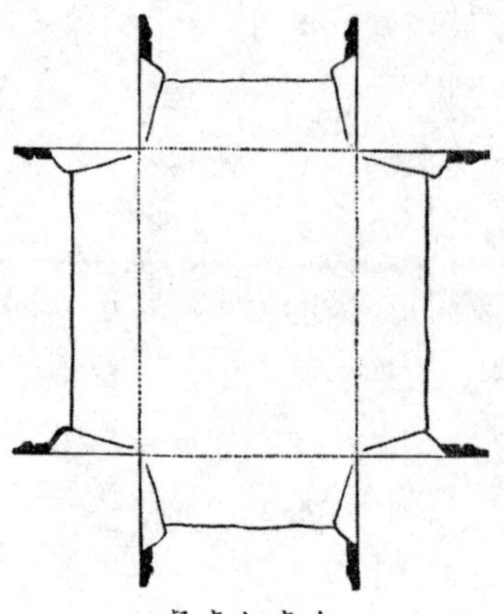

餐桌与桌布

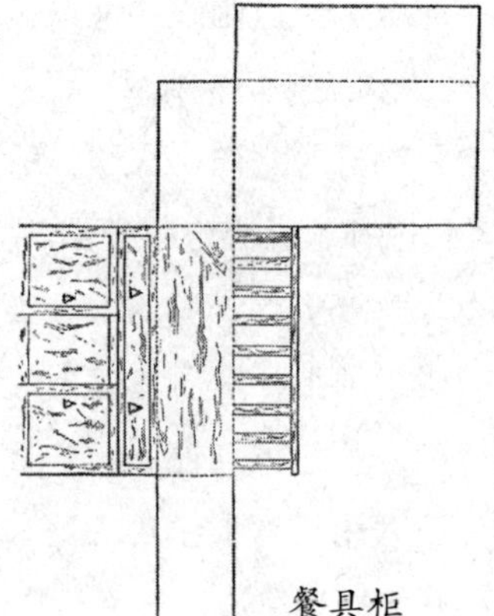

餐具柜

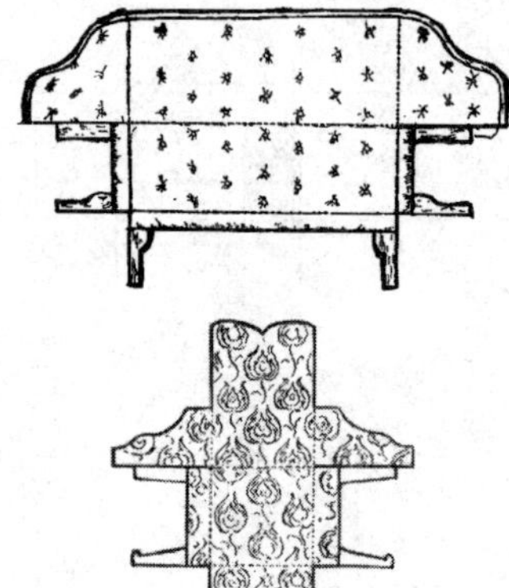

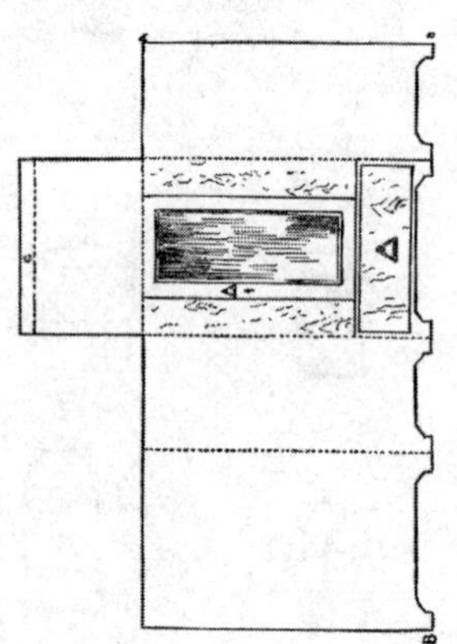

沙发与扶手椅（拐角处必须用非常窄的纸条固定在纸上）

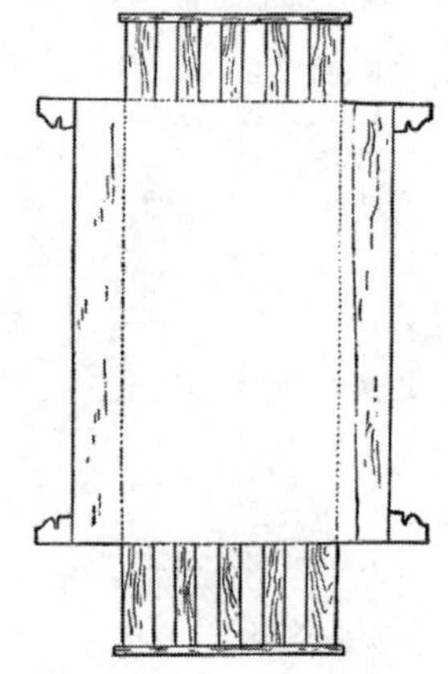

木制床架

衣柜（将标有AB的两条边粘在一起，然后将顶部向下弯曲，并将边缘C处粘到衣柜的背面）

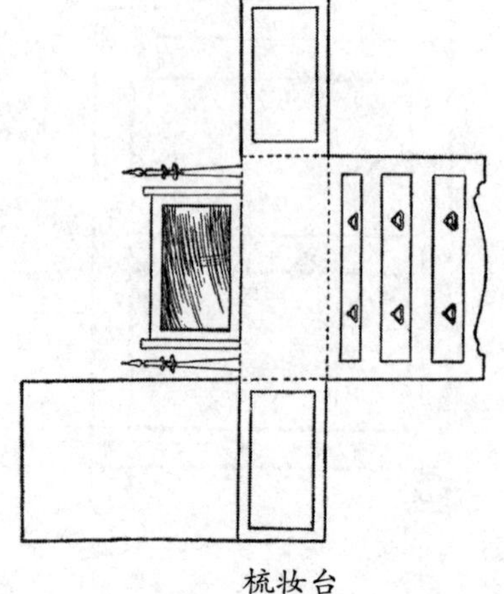

梳妆台

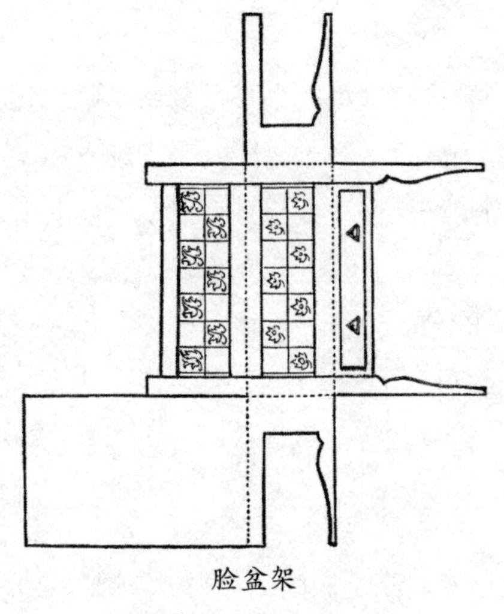

脸盆架

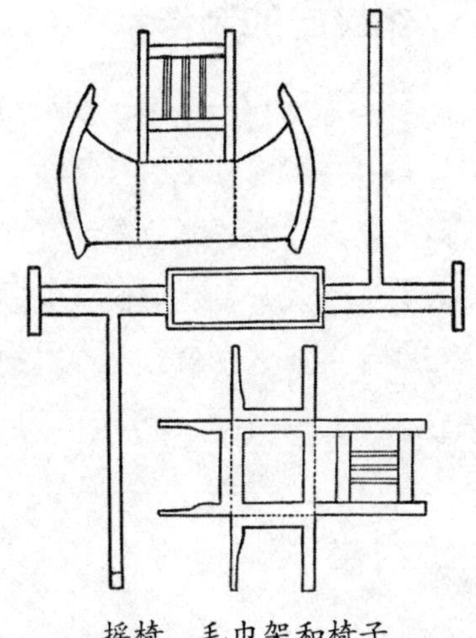

摇椅、毛巾架和椅子

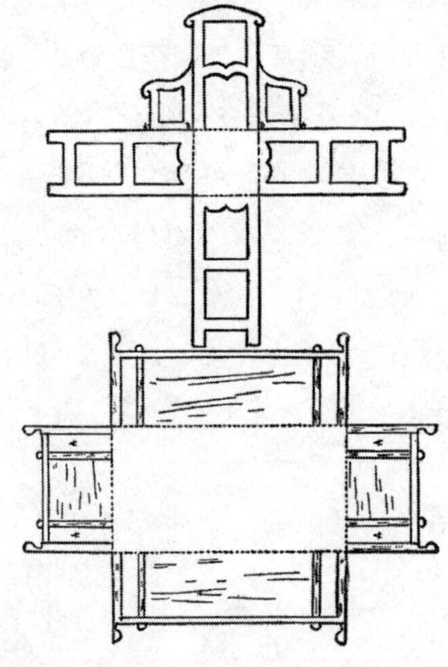

孩子吃饭时用的高脚椅和轻便床（在椅子图中，必须沿AB和BA两条线切开。在轻便床图中，标有A的四个部分要沿边裁剪，然后向下弯曲形成床腿）

纸娃娃

纸娃娃不能像普通的娃娃那样随便玩。它们能做的事很有限，因为你对它们不能洗，也不能梳头，它们自己也坐不下去。不过，它们可以做得非常好看，而且你还可以使它们的衣柜始终保持得很时尚，这也是一件很有意思的工作。对那些喜欢上色的人来说，纸娃娃的制作是很有意思的过程。将它们染成各种各样的颜色，为它们穿各种衣服，这对我们许多人来说，其乐趣不亚于为普通娃娃裁剪和缝制衣服。

纸娃娃的制作

你要做的第一件事，就是用铅笔在将要进行裁剪的纸板或纸张上画出娃娃的形状。如果你不擅长绘画，最好的方法就是从一本书或一张报纸上描摹图片，然后，将一张复写纸塞到纸板和描图纸之间（复写纸可以从文具店购买，一张一美分甚至更便宜），用铅笔进行校正。揭开复写纸之后，你会发现纸板上的娃娃图像只需要直接裁剪就可以了。之后，在纸板的两面用颜料着色，一面用肉色，另一面则使用内衣的颜色。

衣着

娃娃的衣服用便笺纸制作，将其折叠起来就形成了肩部。将娃娃平放在纸上，头和颈部与折痕重叠，然后画出衣服的边线，其轮廓比娃娃的大小稍大。在衣服的双肩之间，要划出一条细细的圆口表示衣领，再在后背的下部切出一道缝，使娃娃的脑袋可以从缝里穿过去。脑袋穿过去之后，再将其转过来。（当然，如果这衣服是用来晚上穿的，那么你为头颈切出的口子就要大一些，在这种情况下，就没有必要在后背部剪一条缝了。）衣服的所有细节部分（可以原创，也可以从广告或流行服装图样中复制），都应当先用铅笔绘制，然后再着色。帽子可以用圆形的便笺纸片来制作，在中间开一道口，大小刚好使娃娃的头顶可以穿过，再辅以棉纸表示翎毛或丝带作为装饰。

其他纸娃娃

想要制作更简单的且完全对称的纸娃娃，可以把它们从折叠的纸中刻出来，这样折痕便刚好位于娃娃中央部位的下面。将许多纸片一起折叠，可以一次性剪出许多个同样的娃娃。

行走的纸娃娃

行走的娃娃

“走路的女人”是按照图上的方式制作的，不过，她们必须穿着很长的裙子，而且没有脚。剪完的时候，在裙子上要有留一个切口（如图所示），这样剪成之后娃娃的模样就是身体向后仰。将娃娃放到桌子上，轻轻地吹动她，她就会优雅地往前走。

纸制的母子（均穿有衣服）

配有六套不同服装的纸制女孩

棉纸做的衣服

衣服还可以用带皱的薄棉纸来制作，可以将其粘到一张由普通的便笺纸充当的基座上。装饰品、镶边和腰带，都可以轻松地用这种材料来模仿。如果颜色搭配得当，制成的衣服会很漂亮。

一排纸娃娃

要制作一排纸娃娃，先要拿一张高度与众娃娃相当的纸，将其前后依次地折起来（先折向一侧，然后再折向另一侧），每道折痕之间留出1英寸左右的距离。将折痕用力地压紧，剪出半个娃娃来，但需要注意的是，娃娃胳膊要一直延伸到折痕的边缘，但不要剪断。将纸打开，你就有了一排纸娃娃。

为其他人制作的玩具屋

> 我们的孩子与那些在灰墙当中普通学校成长的孩子有着显著不同。他们有着清纯和幸福，直率和开放的性格，他们感觉是自己行为的主人。
>
> ——玛利亚·蒙台梭利

你完全不必将自己的思维局限于制作和你居住的房子一样的玩具屋，因为你稍微开动脑筋，就能在自己的游戏室里建造出各种各样的奇幻世界。在纽约市的一所学校里，孩子们通过用双手制作出学习中涉及的地区的景象，来掌握地理和历史知识。

制作这些玩具屋所能用的最珍贵的材料之一，就是普通的建模泥。你可以用50美分到1美元不等的价格，购买50磅这样的泥，有了它，你就可以制作出几乎所有你图片中看到的东西了。如果购买时建模泥是干燥的，要将它放进一个罐子里，在上面洒一些干净的水，并用一根棍子来搅拌，直到和得完全均匀，其浓度和硬质黄油的浓度差不多为止。你要做的第一件事，就是制作一批用于建造屋子的砖。它们要做得和真实的砖形状类似，大约2英寸长。如果你希望自己的“居民”住在较小的房子里，制作的砖小一些也可以。砖的制作应当尽可能有规则，而且尺寸要统一。经过一段时间的练习之后，你就能成为这种简单手艺的专家了。砖做完之后，要放在太阳底下晒干备用，不过拿的时候要小心一点。如果你能找到赤色的陶泥，就将其烤硬，然后你就可以做出持久耐用的“真砖”了。

印第安人居住地

现在，假设你已经通过读书，对美国西南部的印第安人的生活有所了解，那么你对于他们独特的居住地就有了一个形象的认识。附图中显示的是怎样通过一群在校学习的孩子，来建造这样一种居住地，而且这些孩子当中没有一个超过八岁。你可以用黏土制作出印第安居民的模型，并且按照你的意愿为他们着色，能够表现出他们褐色的肌肤和亮丽的衣着即可。如果你有一个装有细土的盒子，可以将它放在印第安村庄前面，在里面种上小麦或芥末种子，并且模拟出印第安人在田间用他们粗糙的犁劳作的场景。你在某张图片中所能找到的一切要素，都可以复制出来。印第安人的村庄和营地很容易制作，其过程很有趣。一旦你熟悉了印第安人的生活，不妨找点乐子，将自己的穿着打扮“印第安化”。图中显示的服装是穿这些服装的男孩制作的。仔细看一看，你也能照单复制。

爱斯基摩人村庄

同一所学校的另一个班级将他们制作的砖块染成了白色，以表示雪块，从而制作出一个爱斯基摩人居住的村庄。这种制作非常让人着迷，而且做起来也不难。此外，也可以直接用泥土一次性地制作出圆顶小屋。所有描写北

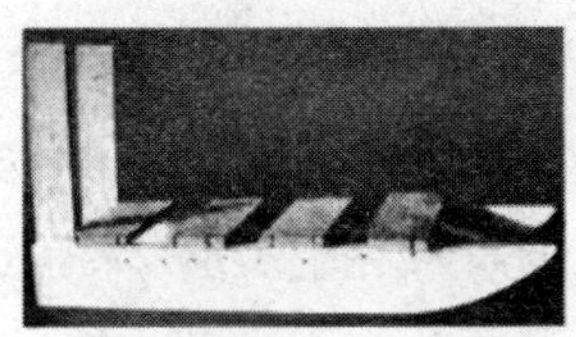

一架爱斯基摩人用的雪橇

印第安人穿的服装

极地区居民生活的书籍，都会向你讲述他们是怎样盖房子的，你只需要进行简单的模仿，就能体会到建筑的无尽乐趣，竣工时也会招来所有朋友羡慕的目光。可以用棉絮来代表雪花（用粉状的鱼胶也很漂亮），并且用摔坏了的镜子代表结冰的池塘。还可以制作出雪橇，让你的爱斯基摩猎手坐在上面。

这些猎手可能是身穿白色毛皮大衣的娃娃中的一员，而这些价钱便宜的娃娃是可以从玩具商店买到的。你还可以制作出身材刚好能保证走进白色圆顶小屋的屋门的娃娃。

菲律宾人居住的村庄

如果你对居住在北极地区附近已经厌倦，可以将桌子上的爱斯基摩人的住所全部清理干净，来建一座菲律宾人居住的村庄。要想制作这样的村庄，你并不需要砖块（让它们歇歇，把它们放到一个盒子里装起来就可以了），而是需要一些粗细和长度相同的小木条，其大小以你能用小刀对其进行加工为宜。用湿土制作一层薄薄的地板（但要比你用来盖房子的泥土更干燥一点），然后在上面用泥巴垒起你希望制作出的房子的形状。泥土干燥之后，会黏合得非常牢固，你就可以用稻草或干草来来回回地编织出一个小屋的墙面。毛屋的屋顶也可以用长长的干草来制作，要用细细的枝条将它们连接起来，密集地拢在一起，并从主梁处倾斜向下。最近几年，几乎每一本杂志中都有菲律宾人居住的村庄的图片，你可以根据这些图片来装饰你的小屋。根据你用来建造小屋的桌子或纸板的大小，你可以再在村庄周围构造一些热带地区的旖旎风光。你还可以用黏土来制作高山，在上面覆盖一些青苔或草，以代表山上的丛林，用破碎的镜片来代表群树环绕的小河，并用绿色的细棉纸条代表树上的嫩枝，用棉纸碎片表示绿叶。只要开动脑筋，你就会发现，你身边各种看似用不上的材料其实都可以与这个游戏完美地融合在一起。

一旦你决定要改变这个村庄的气候和特性，就可以将所用的泥土揉碎，放回罐子里再次加水搅拌，将其混合均匀，做好重新盖房子的准备。不过一定要注意，搅拌后的湿泥千万要保持纯净，防止将木屑或玻璃碴混进去，否则会在下次制作的时候将手刺伤。

一条荷兰人居住的街道

你不仅要学会从一种气候和一个国家过渡到另一种气候和国家，而且还要善于在时光隧道中穿梭。如果你正在学习美国早年的历史，那么在当时荷兰人居住的地方建一条街道是再有趣不过的了。为了建造这样一条街道，你的砖块要染成红色。美国几乎任何一本历史书中，都有一两张荷兰人居住的老式房屋的图片，这会让你对荷兰人的生活环境有个大致的了解。试着重建老式的荷兰式曼哈顿（依据地图和其他图片），并表现出炮台公园附近的港湾和人行道，是很有意思的。

如果你对新英格兰殖民地感兴趣，还可以建一处小木屋，这种屋子的上一层是悬在下一层上的。在经过准备和测量之后，你随便出门走一走，都能捡到足够多的小砖块来充当材料。

按照这种思路，我们还推荐读者尝试以下建筑。如果亲自动手设计，你会得到与中国人一五一十地告诉你怎么建造更多的乐趣。你可以建一座古罗马竞技场，里面有角斗士在决斗，并盖上一个避免太阳直射的穹顶。还可以建一个临海的小渔村（用一个装有水的大平底锅代表大海），渔村中有摊开晾晒的渔网，沙滩旁边还有用核桃壳制作的小船。

此外，还可以制作农舍、谷仓、猪圈、狗棚以及马车车库等等。这些东西可以组成一个环境优美的住处，再配以无垠的田野，田野里有正在成长的庄稼、小溪和水车等等。

农家的所有动物都可以制作或绘制出来。如果制作得好，可以为风景增色不少；如果技艺不够高，不妨让中国人来猜猜它们都代表什么东西，也是挺有意思的。不过这里要提醒你的是，只要稍加练习，就可以制作出很像那么回事的动物。其实，用泥土来制作它们，要比徒手绘制更简单。

此外，吉普赛人居住的带有帐篷和篝火的营地（用黄色和红色的棉纸片来制作），在撑起来的树枝上悬挂一个黑色的水壶烧水（水壶用泥土制作，然后着色），这些东西都很容易制作。

当然，如果再有一些可以移动的、用锡或铅制作的小士兵，那么用这些小型居民区所能玩的游戏可以说是数不胜数。有些孩子喜欢玩的一种游戏是美国军队进攻并占领菲律宾人居住的村庄。他们在占领村庄后往往会放火烧毁它，那场面可是相当壮观。实际上，有了锡制的小士兵（不知道怎么回事，如今这种小士兵不那么流行了），你可以发明出不计其数的玩法，而且也从来不用担心你制作的居民区没有人住。你还可以制作一座军用邮局，旁边有堡垒和兵营；还可以制作一块宽敞的阅兵场地，上面画有部队整齐地进行阅兵典礼。一面小小的美国国旗在旗杆上飘扬；太阳下山之后，炮声隆隆作响（点燃一挂鞭炮或者用什么东西敲一敲平底锅）；随着太阳逐渐向地平线下落去，队伍中有人歌声嘹亮地领唱起《星条旗永不落》。

室内活动以及制作的物件

人与人之间的爱是一件极其亲切的事情。她是如此纯朴，简直无时不有；无处不在。所有的人都拥有这种爱，爱并不是只有受过教育的知识阶层才具有的一种特权。

——玛利亚·蒙台梭利

描摹

描摹这种事几乎所有人都有能力去做，而且对它的厌烦情绪来得非常慢甚至会百描不厌。我们这里指的描摹，是给已有的图片着色，而不是重新绘制。因为绘制新的作品（无论是从天赋看还是从想象力看），需要有独特的禀赋才行。在一个阴沉沉的下午（或者说，如果条件允许，在某个周日的下午），在剪贴本上给图片着色，是一件令人非常开心而有意义的事情。天黑以后，描摹就不是明智的选择了，因为在人造光源下面，我们不能很好地辨别颜色。

在所有出售绘画用具的商店都有绘图本可买，不过，那种老式的带有插图的本子是最佳选择。

旗帜

用颜料盒所能做的一件更有趣的事，是整理各个国家的国旗。

地图

给地图上色很有意思，但可能不像你想象的那么简单，因为在不规则的空间上要均匀着色需要一定技巧。国家的中央领土涂抹起来可能简单一些，但是，当你描到参差不齐的边境线时，笔刷的动作就必须小心了。在你兴致勃勃地准备在一张地图上大干一场之前，最好是先在另一张纸上练习一下怎么在形状不规则的空间上涂抹。

幻灯片

如果你的屋子里有一台幻灯机，也可以手绘一些幻灯片。不过，颜色要尽可能地鲜活一些。自制的幻灯片最好能阐释某个身边的故事，实际上，就算你绘画或着色的技术不是很好，也不必气馁。制作幻灯片的一种更简单的方式，是将玻璃放到一根蜡烛上熏，直到一侧覆盖了烟灰，然后再用一根头部比较尖的细棍在上面绘画。

另一种方法是在黑色纸张或彩色的描图纸上剪出影像轮廓，然后粘到玻璃上。要想将某张图片复制到幻灯片上，可以将玻璃放到图片上面，用蘸有墨汁的细刷子描出图片的轮廓，然后再在玻璃上着色。幻灯片上的所有颜料都要用清漆覆盖，否则它会很容易消失。

装饰书画

装饰是对着色所作的变化，装饰时一般需要比较小的刷子和金银颜色的颜料。装饰文字是颇受孩子欢迎的在周日下午能进行的活动。

蚀刻作品

你还可以用铅笔和墨水绘画，这种绘画被人们不恰当地称为“蚀刻”。绘画时，你需要一支尖头铅笔（通常被叫作绘图笔）以及一瓶墨水。如果图书馆里有一些用旧的木刻画，例如《比维奇的鸟》或《比维奇的四足动物》等等，那么你就不愁没有图画可以模仿了。

粉笔画

一盒粉笔也可以代替颜料，而且效果也非常好。

描摹

年纪较小的孩子由于还没有掌握一定的绘画能力，往往更喜欢描摹图画。他们既可以在图画上面所覆盖的描图纸上描摹，也可以将薄纸放在玻璃上，描摹玻璃下面的图画。

针刺画

图画还可以用一根大头针来刺穿制作，不过在这种情况下，你必须首先把图画画出来。进行时，用尖头的大头针在图画的轮廓边沿刺上很多紧挨的小孔。刺画的时候，应该将画纸放在垫子上。刺完后，将图画拿到窗户旁边，让光线从小孔里穿过来。

复活节彩蛋

自制的复活节彩蛋可以这样制作：在煮硬的鸡蛋上绘画或写上文字，或者将蛋放到含有胭脂红或其他颜料的水中煮硬。在德国，人们有将复活节彩蛋藏在房子和花园里的习俗，然后让家人在早饭开始前去找它们。我们的孩子也完全可以借鉴这种玩法。

溅墨绘画

纸张和纸板类物品也可以用溅污作品来美观地装饰一番。蕨类植物的形状是比较适合的。先将蕨类植物用大头针钉在需要通过此类方式装饰的物品上，并且尽可能地把它们整理得好看一些。之后，在一个装有水的碟子里倒一点墨汁并搅拌，直到它变得比较稠为止。用一根不用了的牙刷轻轻地蘸一点墨汁，放到纸板上方，然后轻轻触摸牙刷上的细毛，让墨汁穿过放在其下方的一把细齿梳子，这样做可以让一些墨汁溅到纸板上。重复做这个动作，直到纸板上的墨汁颜色渐深，然后再一点点溅均匀。必须记住的是，较干的墨汁要比较湿的墨汁颜色显深。之后，将蕨类植物移开，那么在每株植物的下面都会出现一个白色区域，其边沿将呈现出蕨类植物好看的外形。如果你愿意，还可以画出它们的叶脉，不过这一点并非必需。画叶脉的时候，可以用彩色颜料代替墨汁。

制作剪贴本

制作剪贴本从来都是一件既令人快乐而又有意义的事情，不管你是为自己制作还是为医院或社区的孩子们服务。此外，过去从来没有像今天这样的机会，可以轻易得到很多有意思的图片。这些图片你可以从各种杂志、基督教刊物、附图报纸以及广告中挑选。一些小文章对于填补剪贴本上的一些边缘角落非常有用。在为你的剪贴本挑选图片时，最好只挑选那些你真正相信的或者能找出剪贴理由的，而不是把任何看似能很好填补空缺的图片都剪下来。如果带着这样的想法挑选图片，你就能使这项工作变得更有趣，而你制作出的剪贴本也能真正反映你的个人风格。当然，如果你制作的剪贴本是想当作礼物送给你认识的某个人，那么在挑选图片时，就要设身处地地为对方着想，挑那些你认为他也认可的图片。

空剪贴本可以从市场上买到，或者你也可以自己动手制作一本。如果是制作较大的剪贴本，可以拿来一本旧记账本（当然，你要征得其主人或负责人的同意），或者是拿一本普通的旧练习本，用于制作较小的剪贴本。然后，将收集的剪下来的每篇文章或每张图片贴上去，但在记账本或练习本的骑缝处要留出半英寸左右的空间，以防止剪贴本制作完成后无法合上。不过，你也可以沿骑缝处将每张纸裁开，然后在制作完成时，再用牛皮纸将它们缝合起来。

粘贴图片时要用胶水，而不要用胶浆。制作完成时，在剪贴本中的每页纸之间隔上一张纸，然后在剪贴本上压上一定重量的东西。

适用于住院孩子的剪贴本

生病的孩子通常身体很虚弱，无法拿着一大本书并翻页。要想让他们既节省体力，又能从图片中得到快乐，可以采取两种方法。一种是找几个大纸板，在两面都贴上图片和“豆腐块”文章，并在周围用丝带镶边。可以将这些纸板放在一个箱子里，然后交给护士长。她会将这些卡片分发给孩子们。当孩子们将每一篇文章都认真看完后，就可以相互交换了。另一种办法是使用可折叠式图书，因为它们比普通的翻页图书更便于握持，你可以很方便地在家里制作它们。将六七张尺寸相同的图画卡片用红色的麻线缝在一起，使其连成了一排，也就是说，让一张卡片的边连着另一张卡片的边。当然，选择麻线时，不一定非得用红色的，但是红色是可选的较好的颜色。为住院的孩子们制作的剪贴本上的图片，应当明亮而欢快。彩色的图片当然最好，不过，如果你找不到现成的彩色图片，也可以用颜料染色。为剪贴本着色也是一件挺好玩的事。

合成式剪贴本

有时候，你可能对剪贴本中的某张图片看厌烦了。使它保持新鲜度和兴趣点的一种好办法，就是引进一些新人或新事。你很快便会发现，如果将你过去图片库中的一匹马和一辆马车，或者一条狗、一个人、一头长颈鹿剪下来放到剪贴本中的某幅图片上，将会产生非常有趣的效果。如果你愿意，通过合理地运用这种方式，可以将你的整个剪贴本加以改变，使其变得妙趣横生。

集邮

集邮是一件很有意思的事。如果你经济拮据，也可以通过接受礼物或与他人交换来获得邮票。一开始最好的办法，是结识某个拥有大量境外信件的人，然后将他所有的旧信封要过来。集邮的秘诀没有别的，只需要有时间、有耐心即可。如果是购买现成的邮册，那么对集邮者来说就没有什么乐趣可言了。

邮票制成“蛇”

美国老式邮票可以用来制成“蛇”。在将邮票从信封上取下来的时候，没有必要将信封放到水里浸泡，而只用将其整齐地剪下来，然后缝在一起就行了。制作一条“大蛇”需要约4000张邮票。蛇头用塞满棉絮的黑色天鹅绒制成，并用珠子代替蛇眼。然后用红色的法兰绒做成蛇的舌头加上去就可以了。

智力拼图

如果你有一把线锯，并且能娴熟地使用它，就可以在家里制作一套和从市面上购买的一样好的智力拼图。你要做的第一件事，就是挑选一张合适的彩色图片，然后从木匠那里要一块与图片尺寸相当的薄红木板。当然，也并非必须要红木，但也应当是某种既柔软又结实的木料。例如，冷杉木就不能用，因为它并不结实；而橡木之所以不能用，则是因为它不够柔软。找到木板之后，要将图片非常牢固地粘上去，最好用淡一点的胶水，而不要用胶浆。等胶水干了之后，将其锯成最难拼接的小块。最好是将边沿都锯掉，以便每块小片都能与旁边的小片无缝接合。游戏者在玩拼图的时候，可以一边拿着原有的图片，一边拼接。在小片或拼块锯好之后，最好用砂纸将每一块打磨一下，使其保持整洁，这样也利于保存。

如果是制作简单的智力拼图，只需要将图片贴在纸板上，然后用剪刀或锋利的小刀裁剪。

肥皂泡

吹肥皂泡最好用长长的土管。使用之前，在吹口一端应当覆上一层约1英寸长的封蜡，以免磨坏你的嘴唇。普通的肥皂要比香皂更好用，泡肥皂的水最好使用雨水而不是普通的自来水。在有泡沫的肥皂水中加一点点甘油，可以使吹出来的泡泡更持久。在寂静的夏日去户外吹肥皂泡，是一件既令人神往又非常开心的事情。

墙上的影子

如今，手影已经从单纯地在墙上投射兔子的影子向前迈进了一大步，不过在室内，投射手影这种事并没有太大的实质性进展，只不过增加了一些可以投影的动物造型。这也是我们这里为什么只介绍野兔、狗和天鹅这三种动物投影的原因。投影天鹅时，可以移动手臂表示它的脖子，就像它在梳妆打扮、搔首弄姿一样。如果你将手指（表示天鹅的喙）颤抖一下，向下梳理它的羽毛，那么效果就会大大增强，也会更有意思了。要想得到清晰的投影，就必须只留一道光源，而且要让光源处在离手较近的位置。

墙上的动物投影

使叶片保留叶脉

要想使叶片保留叶脉，叶子应当在六月底挑选，而且必须是完全长大的叶片。最好每种叶片多摘几片，因为其中部分叶片的制作肯定会失败。将叶子放到一个大陶盘或锅上，用雨水将盘子装满，并放到一个暖和而有日照的地方，其目的就是使叶片上的绿色叶肉由于浸泡而消除。要达到这个目的所需的时间，不同的叶子截然不同：有些比较好的叶片在一个星期左右就可以了，而另一些叶子则需要好几个月。每天盯着叶片观察，如果某个叶片看似已经去掉了叶肉，就在它下面轻轻放上一张纸板，并放到新鲜的冷水里轻轻摇晃。如果还有绿色的东西留在上面，就用一把软刷子轻擦几下，然后把它放进另一盆干净的水中。可以用一根细针去除那些顽固附着的绿色小叶肉。现在，它变成了叶干，可以按照以下步骤对其进行漂白：向一个大陶罐里倒1品脱水，再兑0.5磅漂白粉。将其充分搅拌，并用手揉碎里面的小块。然后再倒入2.5夸脱水，将盖子盖上，放上24小时。之后，将溶液倒出，只留下沉淀物。将2磅苏打放到1夸脱开水中溶解，并在水仍然沸腾时倒进前面的漂白液中。盖上盖子，放上48小时，然后将其轻轻倒进瓶子里，但要注意将所有的沉淀物留下。

用该溶液将一个陶制的盘子装满，并将叶干放进去，然后将其盖严实。让叶子在里面漂白6至12小时。一旦叶子变白，立即将其取出，此时石灰会使它们变得易脆。漂白之后，将叶子放进冷水中冲洗，然后让它浮在卡片上，在其两面放上吸墨纸以吸干水分，再放到重物下面压一段时间。

蕨类植物

需要注意的是，如果你打算将蕨类植物制成叶干，就不应当在八月之前挑选，而且必须在将其放进漂白液之前，用东西把它压平并晾干。放进溶液之后，要放上三四天。在第二天的时候，溶液应当更换，在第四天时要再换一次。漂白之后，就可以按照制作上述叶干的步骤来进行了。

珠饰品

在其他类别当中，如今无需过多描述但却应当提到的，珠饰品算是其中之一。珠饰品曾经比现在流行得多，不过现在制作的珠子的颜色可以多种多样，遗憾的是，它们的优点如今被人忽视了。珠饰品比其他任何刺绣品保存的期限都更长久，而且也更整洁、更好看。如今，珠饰品最广泛的用途可能算是在制作餐巾圈的时候了。珠制花朵的制作可以这样进行：将珠子穿在电线上，然后将电线弯曲成所需的形状。在玩具商店里，可以买到整盒的珠子。

家庭邮局

所谓的“邮局”，是一个为家庭成员提供可靠的信件交流的机构。你要做的第一件事，就是任命一位邮政局长，并且为信箱固定合适的位置。之后，你与家人就可以相互写信，并且将信“寄”到你想要寄的地方。每隔一段时间，“邮政局长”就要整理这些信件并负责分发。

家庭小报

在“家庭小报”游戏中，你要做的第一件事就是指定一个人担任编辑。由于编辑通常要负责将所有的稿件抄写到练习册里，因此最好挑选一个文字功底不错的人担任。其次，报纸要有一个不错的报名。投稿人最好每个房间指定一个，这样会使工作变得更加简单。每期报纸都必须有一个故事和几首诗。一般来说，家庭小报每月出版一期，因为将其变成周刊就太难经营了。关于这个问题，在内斯比特写的一本书中有详细介绍。

用纸张或纸板制作的玩具——三角帽

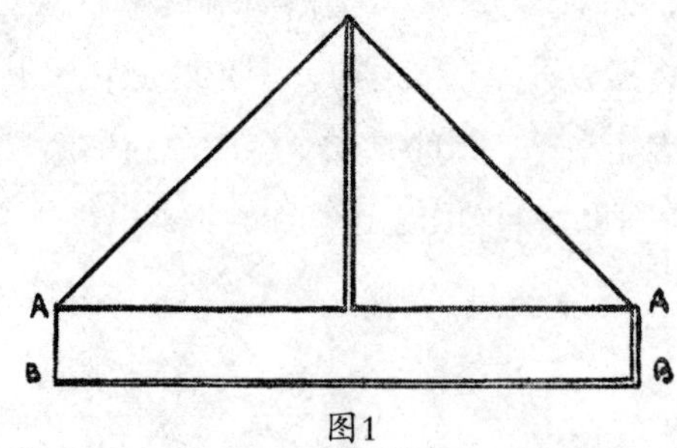

图1

若要制作一顶三角帽，先要找一张硬纸并将其对折，然后将合上的那一头的两边向中间对折，使其在中线处相遇。此时，纸张就成了图1的形状。接着，将标有AB的两处分别向两边折，并将相应的小条折向背面以保持纸的对称和平衡，这样，三角帽就可以戴了。如果要在猜字谜游戏中使用，最好用几根大头针将其别在合适的位置加以固定，以确保其不散开。

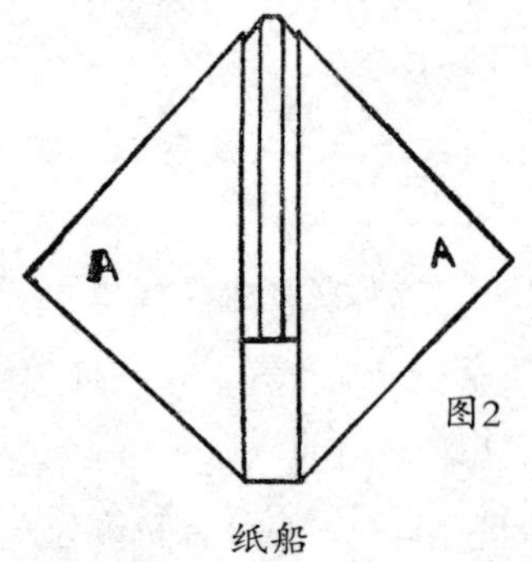

图2

纸船

如果将三角帽从中间向外撑开，撑成一个正方形，再将两边折向背后，使其成为另一个三角帽（当然这一次的帽子要小一些），再将这个较小的三角帽撑成一个正方形，就会出现图2的样子。用拇指和食指将标有A的两侧向边上一拉，结果就成了如图3所示的纸船。

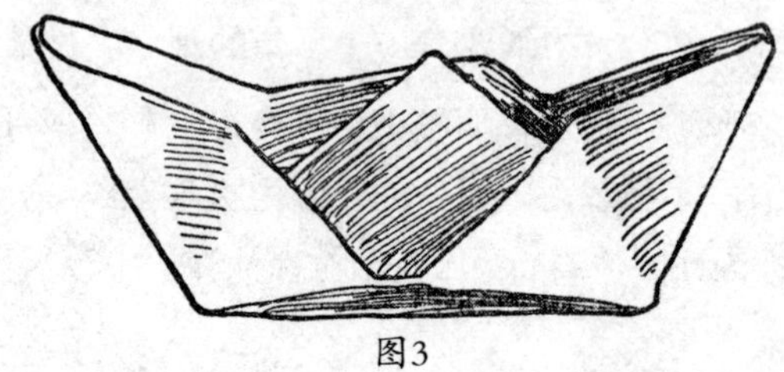

图3

纸镖

找一张稍硬一点、大小与本页相当的纸，沿纵向将其准确地对折成两部分。接着，将一端的纸角向后折至主折痕处，一边一个。此时，纸张的侧视图如图1所示。之后，沿这些折痕点向两边再次折叠，边线与主折痕相交。此时的纸张如图2所示。接着再次重复这一步，纸张就成了图3的样子。将折痕压紧，然后将顶端打开，这样，从上面看，纸镖就成了图4的模样。这时的纸飞镖就可以使用了。

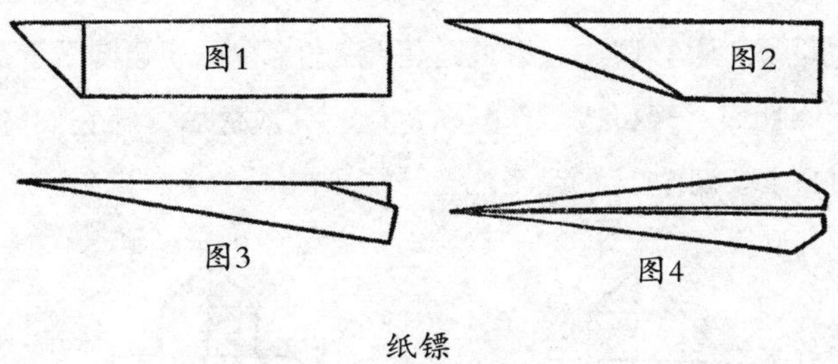

纸镖

纸垫子

拿一张方形的薄纸（如图1），颜色为白色或其他。将其对折（图2），然后再对折（图3），接着再次从中对角线折向外角，此时它就成了图4的模样。如果你想要一个圆垫子，就沿图4所示的虚线将其剪开；如果想要方形垫，保持图3的样子就可以了。需要记住的是，当你将折好的纸沿虚线剪开时，其切口要在摊开的纸张上重复很多次，其次数与折叠的次数相等。折叠的目的在于使切口对称。记住这一点，就可以将图4中的虚线剪若干次，从而使其成为图5的模样。这可能需要你先在一张粗糙的纸上勤加练习。切口越是平滑，完成后的垫子就越好看。

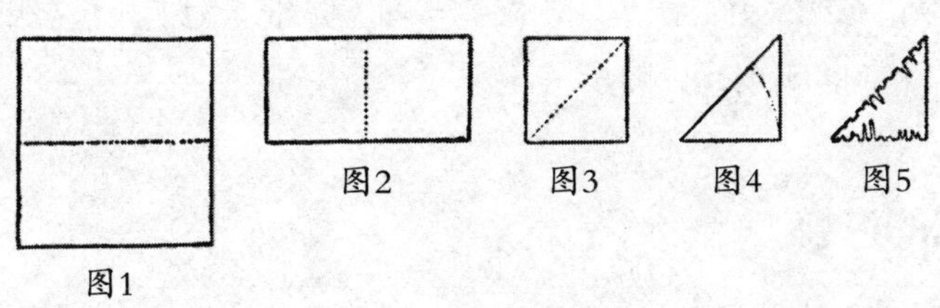

纸垫

纸盒

找一张方方正正的纸（压印有乳黄色透明花纹的信纸最好），沿着对角线对折后再次对折，然后将折痕压紧。将纸打开，然后将每个角朝纸的中间折，然后再将折痕压紧并打开。此时，纸上的折线看似从这边的角穿向对角，并在中间相交，这样也就构成了一个方形图案。接下来要做的就是将每个角准确地折向这个方形处在对面半张纸上的边线。做完这一步，再将纸打开摊平，折线就成了图1的模样。将图1上标有X的三角形都裁掉，就成了图2的样子。接着，沿着图2中所有的虚线进行裁剪，并将对面的角立起来形成盒盖的边沿（顺序为从A到B），并通过将A尖角部分的小边向后折，再穿过B尖角部分剪开的切口，来将边沿部分固定住。完成之后，将它们再次打开。接着再以相同的步骤操作C和D两个部分。

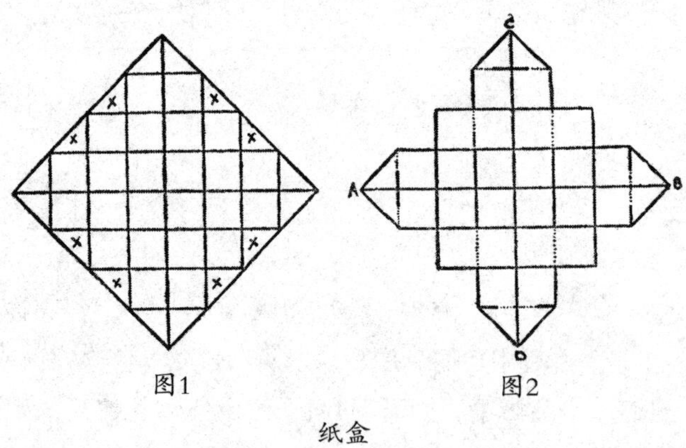

图1　　图2

纸盒

纸板盒

纸板盒要比纸盒更为实用，其制作原理与制作纸房子以及放在房子里的家具相同（本章的后面还要介绍）。整个纸板盒可以在室内裁剪，使用一块完整的纸板，裁剪后形成的边要向上弯曲，盒盖向下。制作时的测量要非常精确。粘接边缘的最好办法是使用细绸布而不是纸。为了让盒盖更结实，可以用一小片相同的材料加以固定。

纸盒的装饰

做完纸盒之后，可以在上面绘画、贴纸条、粘转货单或者用溅墨画进行点缀，以增强它的美感。在大多数文具店都可以买到各种各样适于此类用途的图片。

后面我们还要介绍怎样制作许多其他的纸质品。

用墨水勾勒海里的大毒蛇

将一勺盐溶入一杯水中，用钢笔蘸一点墨水，并用笔尖轻碰水面。这时墨水向下延伸的样子就像一条奇异的、缠成一团的大毒蛇。

跳舞的小人

从附图中可以看出怎样可以使一个会跳舞的小人跳舞。可以用食指和拇指抓住它腰肢的两侧，然后拉动细线。在其胳膊和双腿的关节处（胳膊和腿都是用纸板制作的）要用弯曲的大头针固定，也可以用细线穿起来并在两端打结。

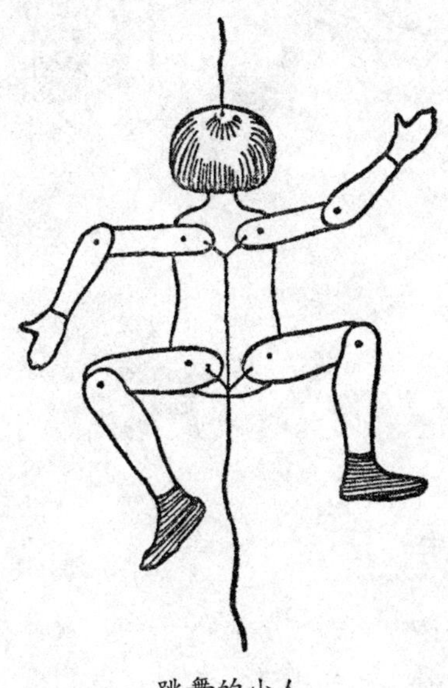

跳舞的小人

天鹅绒制作的动物

多年前，当我们的曾祖父、曾祖母还是孩子的时候，将天鹅绒布料制成人和动物粘在纸板上就是令他们非常着迷的时尚游戏。最流行的图片是一个小男孩和圣伯纳德的肖像。在图片中，小男孩的头、双手、衣领和裤子甚至身边的狗，都是用白色的天鹅绒制作的。小男孩的束腰外衣用黑色天鹅绒做成，腰带则用红色的纸条代替。小狗的眼睛是黑色的小珠子。整个纸板被放到一个木制的基座上，其后背用木条支撑，木条的支撑点分别为小男孩的头部和小狗的尾巴尖。如果你还有一些黑色或白色的天鹅绒布料，再加上一点点耐心和创意，就可以做出农场里所有的动物以及动物园里的许多动物。

手形龙

制作一个“手形龙”所需的全部设备，只是一个由小纸板做成的指套，不过要用钢笔和墨水或颜料在上面画出一条龙的形状。画完后，将其套到中指的指尖上，使手成为龙的身体。稍微动点脑筋，并练习手指的移动技巧，“龙”就会显得非常具有动感和活力。大家一看附图，就什么都明白了。

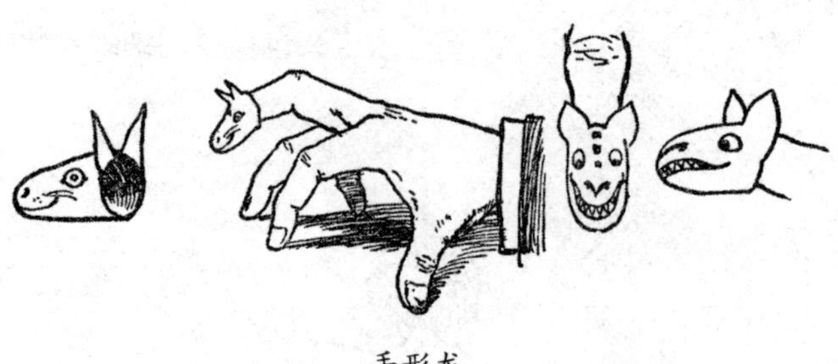

手形龙

灵活使用手指可以玩很多种游戏。可以制作出小帽子，并用钢笔在手指上画出人的容貌，再用细绢纸做成服装。这样，通过调动这些移动的手指“木偶”，甚至可以表演一出完整的戏剧或歌剧。

纸板的其他用途

一旦你开始使用纸板制作各种各样的东西，就会发现它的用途几乎无穷无尽，而且不需要任何进一步的提示，你就可以制作出许多物件。在一栋娃娃屋竣工、装修并且有人居住之后，着手建造一个农场或畜栏便是一件很有趣的事情了。E.M.R就曾经制作了一个由92匹马组成的马群，每匹马都有名字，并且其为每匹马都配上了马衣、马夫和全套马具。她还有由战士组成的几支军队，以及一队护士，而所有这些都是用纸板裁剪后着色完成的。她从《乡村生活》杂志以及其他同类报纸中挑选马匹，然后将它们复制下来。另一个对此狂热的人则用纸板制作了一家剧院，并在里面上演戏剧和舞剧。

应该多说一句的是，用纸板制作的小人还能站起来。方法是在纸板的下沿留一条边，将其剪成锯齿状，然后交替地弯曲以支撑人体；或者将小人的脚塞进在水平的小木块上挖出的凹槽里。

纸板图案

如今社会上流传着各种各样的纸板图案。你可以从玩具店里通过零售购买。在这些图案当中，可能最受欢迎的要算是“快乐的动物园”、“敏捷的杂技演员”和“神奇的弱智小儿”了。“快乐的动物园”如果裁剪得当，拼接严密，可以制作出许多既有厚度也有长度和高度的小动物；“敏捷的杂技演员”可以制作得能采取各种各样的姿势；而“神奇的弱智小儿”甚至能变成狼，然后再变回来!

此外，在市面上也能买到配有纸板图案的书籍，当把纸板图案从中移除了的时候，书仍然能保持得完好无损。《新鹅妈妈》用插图的方式介绍了许多鹅妈妈，可以把纸板图案剪下来拼接到一起，此外书中还配有故事和其他图片。《带电的消防队员》同属此类，不过在这本书中，只有带电的消防车、带电的水塔等物件能拼接到一起。这些游戏都很好玩，在恶劣的天气里或者在室内的时候，是非常吸引人的游戏。

风筝

在中国（在某种程度上荷兰也一样），放风筝不仅是小男孩的娱乐，也是一本正经的成年人的消遣。当然，一本正经的呆板人往往会做很多蠢事。体验一下把风筝拽在手上的感觉，放飞风筝线，看着风筝在天空中飞得越来越高，那可是真正的幸福和喜悦。要想好好放风筝，首先要有宽敞的空间和平稳的风向，因此，广袤的原野是最好的去处，除非你在海边。但如果是那样，倘若有风从海面上吹向陆地，你就可以在海滩上放风筝了。要想制作一个普通而耐用的风筝，其实很简单。找两块小木条（可以花一点点钱从建筑工人那里买），一根3英尺长（图中的AA），另一根2英尺长（图中的BB）。在BB的中点上，用两个螺丝钉准确地将其固定在AA的C点上，使其与AA成直角，AC的长为1英尺。然后，找一根质量上乘的结实的细麻绳，制作风筝的轮廓：将其牢固地系在两根木条的各个端点即可。接下来，找一块最薄的原色棉布，将其摊开并紧紧地缝在麻绳上。（也可以用又轻又结实的纸，粘到麻绳上。）在纵向的木条和棉布上打一个孔D，让其位于图中AC的中点上，另一个小孔E则离交点C约15英寸。之后，用一根约半英尺长的结实的线将这两个孔连接起来，并在F点做成一个圈（F离上面的小孔约1英尺）。风筝线就可以穿在这个环里了。风筝的尾巴G由约6英寸长的纸条做成，将纸条紧紧地搓成长条，每隔1英尺系一个，不过，其准确的长度取决于风力的强度，因此这主要依据你的经验来判断；不过总体而言，风筝尾的长度应当是风筝高度的5倍，或者说，我们制成后的风筝大约为15英尺长。最好将尾巴做成两三截，这样就可以根据需求加长或减短了。例如，如果风筝冲向空中而且姿态不稳定，那说明尾巴不够长；如果它只上升一点点，则可能是尾巴太长了。要确保有足够长的风筝线，而且要缠绕得很细心，这样在将线放出去的时候就不会出故障了。开始放风筝的时候，你需要某个人帮忙。让对方站在约30码开外，迎风拿着风筝，并在你抓紧风筝线并发出信号的时候，将风筝向上抛起。如果风筝并没有飞起来，那么你最好迎风跑上几步。一开始，你不能将风筝线放得太快，但当风筝已经平稳地飞起来时，你就要同样平稳地将风筝线放到应有的长度了。

体验风筝在你手中拉扯的感觉，这是一种真正的喜悦

向风筝报信

报信的信使其实就是一块纸板或一张纸，上面有一个大小适中的洞。将风筝线从洞里穿过，当风筝平稳飞翔的时候，信使就会沿着风筝线一直向上，在风的吹拂下到达风筝那里。

简单的玩具船

在精确测量的情况下，以下说明适用于制作一艘最简单的手工玩具帆船。找一块纹理整齐的软松木（可以从木匠或建筑工人那里要到），约1英尺长、4英寸宽，厚度则为2英寸。在4英寸那一侧的上面画出如图1所示的轮廓图。具体方法可以是先用铅笔画出直线AB，将木块一分为二，直线位于正中间。之后，将木块翻过来，将下面的4英寸平面也用同样一条直线分割，并用木锯在每个面该条直线的1/8英寸处锯开，沿木块锯出两个约1/4英寸深的切口。这样，这两道切口之间的部分就构成了船的龙骨。接着，从A一端的中间纵向再次将其锯开，一直伸向底部，这就制成了船的艏标。接下来再次换到顶部，画一条类似于图1中CC虚线的直线，其位置在船的轮廓线以内约3/8英寸处，然后用圆凿小心地将这条虚线以内的部分全部挖去。进行这一步的时候务必要十分小心，实际上，最好是宁可不一下将其凿到足够深，然后再一点点地将剩余部分剔除，也不要鲁莽地尝试一步到位。接下来，先后用锯子和凿子给外围定型，但同样要加倍小心。争取在上面制作出一个好看的船头和整齐利索的船尾。如果船上的切口在中部交叉，那么该部分可能就会出现图2中的样子。这条扁平的“肋板”将会一直延伸，但到船首和船尾处就逐渐看不见了。之后，将铅制的龙骨固定在船上（见图3中的K点），它的尺寸大约是：在船头1/4英尺厚、1/4英寸深，在船尾则分别为3/4英寸。用4根长长的细螺丝钉固定住。随后就要制作甲板了，其

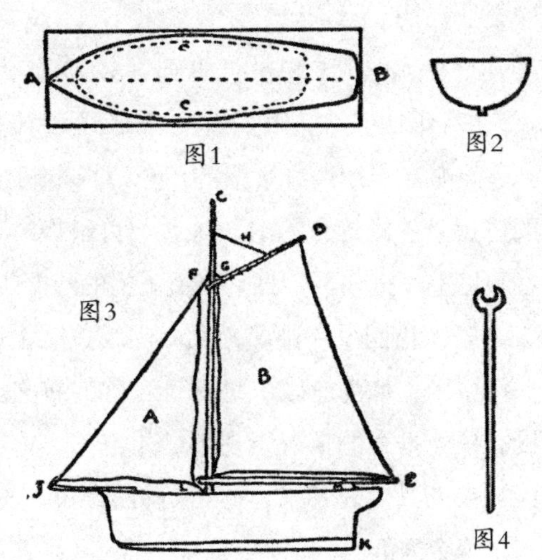

图1
图2
图3
图4

厚度不超过1/8英寸，而且要与船舷匹配得非常到位。

桅杆C的直径自下向上递减，其下部的直径约为3/8英寸，然后向上逐渐成锥形，矗立在甲板上1英尺的地方，在离船头约4.5英寸处穿过甲板。先将它穿过甲板上的洞，并放置到位，从船头稍微向后倾斜；接着，翻过甲板，在船的底部桅杆放置的地方做上标记，并用4根铜制小螺丝钉将一块带小洞的木头固定在那里，这样桅杆就可以牢固地"搁"在洞里面了。之后，再让甲板顶部朝上，在放置桅杆的小洞正前方拧上一个小的活结螺栓。这样做是为了拉住前桅帆L，不过，由于甲板只有1/8英寸厚，所以你必须在甲板下面垫上一小块木头，并将活结螺栓拧到木头里。这项工作一完成，甲板就可以用铜制螺丝钉牢固地固定在船上了。如果你对船是否防水尚存疑惑，那么最好在甲板上面打一个眼并嵌进一块软木，这样就可以在每次航行之后把它支起来，倒空里面的水了。

直径约为1/4英寸的船首斜桅J，长度应为3.5英寸，其中约有2英寸的长度伸出远离船首的位置。将它牢固地拧在船上。现在，你要制作船帆的下桁F和上缘的斜桁D，这要求在它的顶端必须开成一个叉状（如图4所示）以叉住桅杆，这个叉状的两端要用细绳连起来。下桁的长度约为8.5英寸、直径为3/8英寸，而斜桁则为5英寸长、直径为1/4英寸。之后，用管状吊索和顶桁吊索（下面要介绍）将斜桁固定在离桅顶约3英寸的地方。顶桁吊索H、管状吊索G和大帆吊索F要用优质的钓鱼线制作。在分别将其系到斜桁和前桅上之后，还要让它们穿过桅杆上打好的小眼，向下用活结螺栓将其固定在位于桅杆两侧的舷墙上。

前桅大帆索L和主帆帆脚索M约4英寸长，要拉到拧在甲板中部的螺栓上，前者固定在桅杆的正前方（已经介绍过），后者则固定在离船尾约2英寸处。船帆应当用边缘平滑的白色薄棉布制作。两种帆都要处在离桅顶约3英寸的位置。前桅的大帆只固定在船首斜桅的顶端、前帆吊索上，而主帆则固定在斜桅上一直向下，直到船帆下桁的两端。

船舵我们没有过多介绍，因为按照上述方法制作和配备的帆船自己就能保持平衡，从而比较好地保证正确的航向。只要有一点点风，它就应该能在没有任何推力的情况下在池塘里穿梭。你要做的事情只有一件，就是让船帆能够借助风力鼓起来，方法是将前桅的大帆和主帆松开一点，并给帆船提供一个稳定的推力。

胡桃壳制成的小船

要想用胡桃壳制作一艘小船，你要先挖开半个壳，并剪出一小块与其大小相当的纸板将上部盖住。之后，在这块纸板的中心插上一根火柴，然后滴一点封蜡在壳的底部以及船体的边缘周围，再将火柴和纸板固定在上面。接着，剪一小块方形纸，通过在火柴棍上打两个小眼的方式将纸固定在火柴上，这样就制成了风帆；不过，如果没有这顶帆，小船在水里可能航行得更好。

用核桃战斗

这里需要强调的是，主要的战斗是在半个空核桃壳之间进行的。将一个盘子翻过来，两个武士（小孩子）将他们的核桃尖对尖地放在盘子中间。听到号令之后，他们开始通过用拇指和食指在核桃壳的尾部施加平稳的推力，把自己的核桃向着敌人推进。当一方的核桃壳将对手顶破并戳进敌人的顶部时，战斗即告结束。出现这种结局是迟早的事，不过有时候，战斗会进行得漫长而激烈。每场比赛结束时，要在胜利的核桃身上刻上它所战胜的敌人的数量，在下一轮战斗进行期间，其数量会依次累加。上学时，当两个冠军核桃相遇时，我们会异常与激动。例如，某一个核桃身上标明的胜场数是520，另一个则是700。在这种情况下，其战斗的胜者身上将标上1221，因为你不仅要加上你当前击败的对手，而且连你对手所战胜过的所有敌人也都是你的手下败将了。

吸盘

这里的吸盘其实是一块结实的圆形皮革。在皮革中间打一个眼，将一根线穿过去并在另一头打结，以防止线被拉出来。将皮革放到水里浸泡至变软，然后将其放在一块光滑的大石头上或其他光滑的物体上压紧，这样就阻止了空气的进入。如果你很有力气，细线也很能承重，那么这个吸盘能吸起很重的物体呢。

升船起重机

用鹅的叉骨可以制作出一台很不错的升船起重机。先将其洗净，并放上一两天备用。之后，找一根结实的细线，将其折起来，并牢牢地系在叉骨的两端，打结的地方离每个顶端的距离约为1英寸。找一根比叉骨略短一点的木条，在离其一端约半英寸处，围着木条开一道凹槽，然后将细线缠到凹槽里，并一道一道拧紧细线，直到其阻力变得确实很大为止。接着，将棍子穿到凹槽里细线所在的地方，并用细线将其两侧缠紧，这样棍子就不会打滑了。需要记住的是，应当用补鞋匠用的蜡涂在叉骨的两侧棍子自然接触的地方。将棍子向前拉，使其附着在蜡上，然后将棍子朝下，将升船起重机放在地上。等一会儿蜡熔化的时候，这块叉骨就会弹向空中。

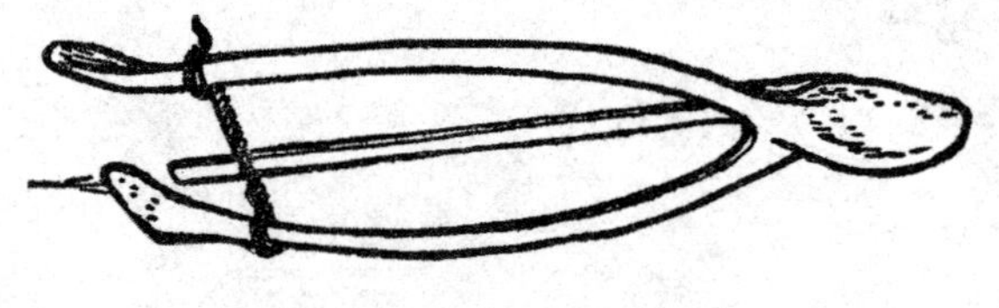

开船起重机

切水机

切水机最好用锡或铅片来制作，不过用结实耐用的纸板或木板也是可以的。先将材料裁成一个圆，然后在它的周围做上一圈锯齿。之后步骤如下：在板上打一个洞，如图所示，用细线穿过小洞，并将两头的线系起来。牢牢握住细线，并稍微搓一搓。之后，再拉细线时，线会自动解开，这样切水机就开始运转了。当它完全解开之后，又会反向继续旋转，这时细线就再次绞在了一起。如果把切水机放到一盆水的上方，它的锯齿就会将水花溅到很远的地方。不过你要注意将切水机放到适当的位置上，并且让水朝你所在的位置相反的方向飞溅，否则你的衣服会弄湿。

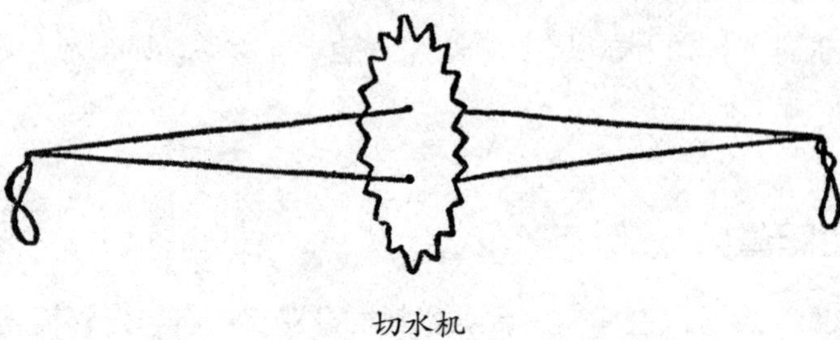

切水机

圣诞节的常青植物装饰

为圣诞节的到来做准备，几乎就像过圣诞节本身那样让人愉快。装饰品既可以是天然的，也可以是人造的，还可以是天然与人造的结合。在使用常青植物做绳子时，最好用一根长度合乎需要的真绳子做基础，然后在上面系上灌木和常春藤的小片。系的方式可以是用一般的细线，也可以用彩色金属线，这样就可以防止绳子被拉断了。如果要做花环或其他具有一定固定形状的东西，可以用一根比较硬的金属线为基础，也可以用木条做底子。

纸质装饰品

要制作最简单的纸链，用彩色的绢纸和胶水就可以了。你只需要剪出一条条纸环，然后一条接一条地将它们连起来就行了。

如果要制作纸花，就必须要用到纸和专用工具了。不过，如果只是为了在家里做装饰用，那么只使用普通的绢纸、金属线、胶水和剪刀这些工具就可以。

标语

标语和美好的祝愿可以用棉絮为字母制作出来，并以鲜红色或其他颜色的布纹纸或衬纸为背景。鲜红色可能是最热烈奔放的颜色。不过，你也可以将冬青树的果实缝到一个白色的背景上，来制成更加精美的文字。如果要制作比较大的绿色文字，而且还想镶个边，那么使用冬青树和月桂的树叶就比较好。用棉花可以制作出最美的雪景。

圣诞树

往圣诞树上挂物品时，你要注意在蜡烛正上方不要放置任何东西，也不要将圣诞树的某根树枝向蜡烛靠近，以防止失火。当将圣诞树上的所有礼物都取下之后，让树着一点小火并无大碍，因为烧着了的圣诞树的气味，是当时最宜人的气味之一。往圣诞树上悬挂昂贵的礼物可能是个错误的选择，部分原因是由于火苗或树脂会将礼物毁坏，还可能因为它们都比较重，会使圣诞树无法承受。最适合的物品是蜡烛，点多少都没问题，会反光的银色小球也可以多挂一点。当然，在树的树梢上应该有一位圣诞老人，或者是一个圣诞小孩，因为比我们对圣诞树的了解更加深刻的德国人总是这样做。用一根细长的小蜡烛去点燃树上的蜡烛比较好，再在一根棍子上绑一个小型灭火器，用于将蜡烛熄灭。

摸彩桶

现在摸彩桶使用得没有过去那么多了，不过，要想随机地给你的客人们分发礼物，用摸彩桶仍然是最好的方式。将数量与小孩人数相当的礼物用纸包起来，藏在一个装满麸糠的桶里。将桶放到一块防尘罩上，来客要将手伸进糠里，每个人摸出一个小礼包。摸彩桶的缺点是男孩往往会摸出一些适用于女孩子的礼物。要想克服这个缺点，可以用两个摸彩桶，一个供男孩用，另一个供女孩用。有时候，小礼包上的彩带比较长，会散落到盘子边缘以外。如果是这样，就让男孩们拽住一边的彩带，让女孩们拽另一边，所有人同时向两侧拉，礼包就打开了。

双核坚果

像本书其他章节一样，本章内容也以两个与坚果和樱桃有关的游戏作为结尾。有时候，有的杏仁会含有两个杏核，这样的杏仁叫作双核杏仁。如果遇到了这样的坚果，你千万不要独吞从而浪费了它们，而是应当找个人来与你分享。这个游戏的玩法有好几种。一种叫“是非回答”，最早说出“是”或“不是”的人应当受罚。另一种玩法叫“取舍游戏”，第一个接过对方给予的物品的人为负。无论你们两个人中的哪一个先对对方说“早上好，双核坚果”，那么在第二天或者下次你们二人相遇的时候，说这话的人都会赢得一个礼物。有时候，玩法会稍加改变，即第一个回答出对方所提问题的人要受罚。当然，双方都要力求防止或避免提出模棱两可的问题，也正因为如此，这种游戏才十分有趣。

吃樱桃比赛

吃樱桃比赛让人紧张而激动。游戏者站成一排，双手背于身后。组织者从篮子里挑出一串梗很长的樱桃，使樱桃梗的顶端位于游戏者的嘴边。一声令下，游戏者便开始费力地将梗下面的樱桃吃到嘴里。当然，所有人的头都必须向下弯。

制作糖果

正常人的心灵会由于心情舒畅而变得完美，惩罚通常被认为是一种束缚人的形式。惩罚或许会使那些在邪恶环境中长大的人的性格变得更加低劣，但是这种情况只是极少数，社会不会受其影响而停止其前进的脚步。

——玛利亚·蒙台梭利

要想制作糖果，你需要有一个瓷制或陶制的煎锅，一把长柄的木勺，一两个汤盆或盘子，一个碗（以免要制作什么混合物），一杯用于测试的凉水，一把银制小刀。如果你不是在厨房里制作，还需要一块油布或几张厚牛皮纸，用于铺在桌子上。

一般性说明

在开始煮糖稀之前，先用黄油将盘子擦拭一遍，以备将糖果倒进来。可以将一小块黄油放到一张干净的软纸上，然后仔仔细细地将盘子擦一遍。

熬糖时，不仅要不停地翻腾锅中间，也要注意搅拌锅的边沿。搅拌时动作要慢，但不能停止，因为你要是稍微放松一会儿，糖稀很快就会烧起来。

调味料的放入时间必须是在马上要将锅从火上拿起来之前。

要想知道你的太妃糖或糖果是不是已经充分煮沸了，可以滴一点儿杯子里的凉水进去。如果水滴到锅里以后，糖稀立即变脆变硬，那说明已经差不多了。

在糖稀充分冷却之前，要用银制小刀将它划成方形。这样做会使它更容易分解，而且在冷却之后也更整齐。

大麦糖

所需的物品：1磅糖粉，1个鸡蛋的蛋清，0.5品脱水，以及半个柠檬。

将糖粉溶入水中，加入充分搅拌过的蛋清（必须在糖粉与水的混合物变热之前加入）。接着，在一口大锅下面点火，将混合物倒进去。随着糖浆逐渐在锅中上升，将所有浮渣去掉，直到糖浆开始变得清澈为止。关掉火，用细棉布过滤糖浆，然后再把糖浆倒进锅里，让其快速煮沸，直到你发现火候已到（测试方法同前）。此时，加入柠檬汁，然后将其倒进擦了黄油的盘子里。在混合物固定之前，将其切成片并拧曲。

巧克力饴糖

所需的物品：1茶杯糖浆，1茶杯红糖，1茶杯牛奶，2盎司黄油，4盎司巧克力粉，1品脱盐，以及16滴香草油。

将上述所有用料放到一起煮半个小时，同时不停地搅拌。

可可饴糖可使用相同的方法制作，唯一不同的是使用1盎司可可粒或可可粉，而不是用巧克力粉。

可可糖油

所需的物品：0.5至1磅砂糖，4盎司可可粒。

用尽量少的水将砂糖溶化。放在火上烧，让它始终处于小沸腾状态，直到糖浆开始再次变成糖。一旦出现这种情况，便将可可粒放进去并充分搅拌。之后，将混合物倒进一个平盘或罐子里。

可可糖油（另一种做法）

所需的物品：1磅可可粒，1磅砂糖，半杯放了可可粉的牛奶，以及1盎司黄油。

将砂糖、放了可可粉的牛奶以及黄油倒进锅里。煮沸时，慢慢加入可可粒。煮沸10分钟，期间不停搅拌。将混合物倒进盆里不停拍打，直到近乎变凉，然后翻出来倒到盘子里。

可可糖稀

所需的物品：0.5磅可可粒，0.5磅白糖，两个打好的鸡蛋的蛋清。

将所有用料搅拌均匀并烧沸成糖稀，淋到涂有奶油的纸上冷却15分钟。

焦糖膏

所需的物品：1听雀巢牛奶，1磅软的精制白糖，2盎司黄油，香草油若干。

用一点点水将白糖溶化，放在火上煮沸时，加入黄油和雀巢牛奶。不停搅拌，等到混合物易燃时，再煮15分钟。添一点凉水，看看是否已经煮好。煮好后，加入香草油，然后倒入盘中，拍打至近乎变凉。

也可以在上面的混合物中加上1盎司可可豆或2盎司可可粉，而不是用香草油。

果膏

所需的物品：1磅可可粒，0.5至1磅砂糖并用一点点加入可可粉的牛奶将其拌湿。

将砂糖放入锅里，让它慢慢加热。之后，让其快速沸腾5分钟，加入可可粒，再煮10分钟。期间要不停地搅拌。取一点放到一个凉盘子里，如果它成为结实的糊糊，就关火并将其从锅里取出。将部分混合物倒入一个内里贴有带纹纸的大罐子里，将剩下的混合物留在锅里，并向其中加入捣碎的去皮杏仁、带糖衣的樱桃和坚果等等。将锅里的东西倒在罐子里的糖膏上，然后再倒出来切成条。

爆米花

制作爆米花，要将玉米放在一个带有长柄的铁罐子里，放到大火上“砰”的一声炸响。先将玉米放进铁罐子里并不停摇晃，时间一到，每粒玉米都会突然爆裂，变成一个个不规则的小白球。爆米花加点盐就可以食用，也可以用0.5磅白糖加入一点点水煮沸10分钟以制成糖稀，然后将爆米花放入糖稀里滚一滚（可根据自身需要加入色素和香料），味道会更鲜美。

最简单的太妃糖

所需的物品：3盎司黄油，1磅红糖。

混合物充分搅拌并煮沸，至制成为止。

另一种太妃糖

所需的物品：1磅粗糖，0.5磅黄油，2汤匙糖浆，半个柠檬的果汁，以及半茶匙姜末。

将黄油放在锅里熔化，然后加入糖、糖浆和姜末。不停搅拌，期间不时加入一点柠檬汁。煮沸10分钟，然后用凉水测试完成程度。

可以将2盎司的去皮的杏仁加入上述混合物中。杏仁可以在与太妃糖出锅前与其混合，也可以将杏仁放在用黄油擦好的盘子里，然后将制好的太妃糖倒入盘中。

要想将杏仁漂白，可以将其放入碗中，倒入开水至盖住杏仁为止。在碗上盖一个碟子，使水蒸气不外泄，放3分钟左右。之后，将杏仁一粒粒倒出，用手指轻轻去掉上面的褐皮即可。

特色太妃糖

所需的物品：1磅红糖，1小杯水，0.5磅黄油。

将糖放入水中煮，轻轻搅拌至糖溶化。然后加入黄油，再煮半个小时即可。

蜜糖

所需的物品：0.5磅糖蜜，0.5磅红糖，2盎司水。

将所有用料倒在一起煮半个小时。

坚果糖

所需的物品：1品脱破开的坚果，0.5磅红糖，3盎司黄油，1个柠檬的果汁，1大勺水。

将除坚果之外的所有用料放在一起煮沸20分钟，期间始终搅拌。用凉水测试是否煮好，然后加入坚果。充分搅拌后，倒入盘中即可。

坚果糖（另一种做法）

所需的物品：1磅红糖，6盎司水，3盎司破开的坚果。

在锅中熔化黄油，然后加入红糖。煮10至15分钟，然后加入坚果。核桃、巴西坚果、杏仁或花生（已经煮熟的）均可使用。

薄荷糖

所需的物品：1磅糖浆，2盎司黄油，1小勺薄荷精。

用小火煮糖浆和黄油，直到用水测试时其混合物变硬为止。加入薄荷精，倒进用黄油擦拭过的盘子里。

夹心椰枣

这道既美味又好看的甜点，根本不用烹饪就可制成。你只需要一定数量的糖酪就可以了，但这些糖酪必须可用于填充或包裹去核的椰枣、樱桃、洋李、核桃或杏仁等等。

糖酪是这样制作的。将一个鸡蛋的蛋清和一大勺水放进一个碗里，在搅拌的同时，逐渐加入1磅特粗砂糖（在这里，只能用特粗砂糖或糖衣），并用一把勺子将其调匀。这样，它就成了糖膏，你可以用模具将其塑造成想要的形状。之后，将糖酪分成好几部分，每部分都加入你最喜欢的不同调料。例如，加几滴香精或柠檬汁，一点揉碎的可可豆或巧克力豆，或者一些杏仁细粒，都可以制作出不同口味的糖果。还有一部分可以用胭脂红染成粉红色，或者用菠菜汁染成绿色。

完成这一步骤之后，将一些椰枣、洋李、葡萄干去籽，或者将一些杏仁去皮然后切成两半，或者准备一些干燥的胡桃备用，而这些东西都可以方便地从食品店里购买。这里只选用那些最无可挑剔的果核。将糖酪制成小球状，然后放进两个半边的胡桃核之间或两个半边的杏仁之间，或者将它填充到其他水果里。用小刀将所有糖果的外形修饰一下，然后将其滚成糖粒。如果将其染成粉红色或绿色，那就更漂亮了，不过也不一定非得这样做。

为糖果染色还有别的办法：在1盎司糖浆里滴上几滴绿色或粉红色的颜料，等其完全干透时，如果糖粒的外形还不够光滑，就将其裹在纸里搓一搓。

园 艺

> “儿童之家”具有双重的重要性。一方面，由于它采取在住宅中建立学校这种独特的办学方式，所以它具有社会重要性；另一方面，它在对幼儿进行教育时所采用的教育方法，又使它具有教育的重要性。
>
> ——玛利亚·蒙台梭利

尽管美国孩子长得越大，越喜欢在户外活动，但以往广受欢迎的园艺工作如今却越来越不受他们青睐了。这是一件非常令人遗憾的事，因为一个人如果喜欢花朵，那么从事园艺工作无疑能使他的劳动获得最大的回报。不过，也没有必要非得拥有一大块空地才能种植花花草草。实际上，哪怕只有一小块地方，只要精心呵护，同样可以既不失乐趣又能有收获。城区院落里的某个小角落，哪怕是窗台花坛，都可以是取之不尽的乐趣之源。当然了，如果在某块草坪上或乡村菜园里有一小块肥沃的空地，那肯定有助于你更加雄心勃勃地大干一场。种植花草最重要的一点，是你必须热爱这项工作。如果你厌烦每天照料它们从而玩忽职守，那么就像养护宠物一样，谁也无法放心地让你种植植物，因为做这两样事情都完全取决于你要用心。

作为一名园丁，你要对你养护的花草有详尽的了解。园丁必须能够辨别种子和树苗，知道每种花草最喜欢你怎样对待它，还要学会对那些娇贵的、需要保护的植物进行特殊护理，以帮助它们安然度过严寒的季节。一朵花的美在很大程度上取决于它的内涵。许多花需要特殊的土壤，例如有些需要干土，有些需要湿土，有些适于阴凉处，有些适于日照处；而园丁就像花朵们的母亲一样，要牢牢记住所有这些事情。作为回报，对那些最精心照料它们的人心存感激的花儿，也会尽最大努力尽情绽放。

初学者最好先从养少数几种花开始，并尽力掌握有关这些花的所有知识。一年生植物只要在优良的土壤里细心播种，一般极少出现凋谢的情况。作为选择，你可以考虑那些从春天活到秋天的植物。多年生植物是最长盛不衰的，因为一旦种下去，它们只需要你花一点点精力照料，便每年都会逐渐生长。块茎植物会长出一些最美丽的花朵，而且也易于生长。但是，当它们的花朵凋零之后，你千万小心不要将它们挖起来。

除了那些生长过程我们之后要专门介绍和说明的植物之外，还有许多比较娇嫩的植物，必须放在架子里养殖。这种园艺知识我们会留给大家随后再掌握，而且你在比较高端的园艺类书籍中也都能找到相关的指导资料。

花园中的色彩

在为一座花园布局时，要挑选那些从五月至十月一直多花的植物，并且要记住一点，就是在种植和播种时，有些颜色要比另一些颜色搭配效果更佳。花园中的颜色布局从来都不是一件简单的事，不过你必须一点点学习并积累经验。鲜红色和深红色、深红色和蓝色都不应当放在一起，而洋红色的花朵从来都不是好的选择。白色和黄色以及白色和蓝色，放到一起总是让人感觉舒服。至于其他的颜色搭配，你根据自己的喜好决定就行了。

一览表的用途

一个安排合理的一览表需要提供大多数花朵的插图，在多数时候，附上它们的培育指南也是很有用的。作为对以下提示内容的补充，没有什么比出色的花草种植者制作的“花草目录”更有用了。

园艺日记

写日记对园丁来说是一个好习惯。在日记的开头，他要制订一个花草种植计划，也就是说，要在列表的间隙处留出一英寸或稍多一点的空白处。在这个计划中，他要标出块茎植物和多年生植物的位置。此外，在日记里还要记下花园里发生的所有事情。例如，要记下种子的播撒情况，还要写下树苗何时第一次长出、何时变得稀疏、何时开花。事实上，有关植物生长的一切都要记下来。事实证明，将树苗画下来收集在一起，是一种非常有用的资料，因为这样做有助于在来年辨别它们的生长情况。在日记的最后，还要写下种花人希望拥有的花草的名称，或者是某种植物培育的专业知识，或者描写一段其他花园里让人羡慕的格局安排，等等。

花展

如果好几个孩子在同一个大花园里都有自己的种植小天地，或者他们各自的小花园相互毗邻，那么不时地开个花展是很有意思的事情。要想实现这个目标，首先应当找一个愿意担当的人担任裁判，并且除了奖状之外，还可以在众人认可的情况下提供几笔小额奖励。当然，至于到底奖些什么，那取决于参赛者手中都能长出些什么东西。不同的花朵乃至莴苣或萝卜，都可以拿来进行评比并发奖，但要种植这些东西的参赛选手的数量足够多才行。但是，份量最重的奖赏或许应当给予花园打理得最好的园丁。另一笔奖金应当给予将养护的花和野生的花搭配得最合理的人。

工具

从事简单的园艺需要以下工具，即铲子、泥刀、锄头、耙子、带有软管的喷壶以及水枪。这些工具都必须结实而耐用。除此之外，你还应该备有木制的标签，或者发明其他可标明种子种类的方法，还要有一些结实的棍子用于支撑长高了的植物，以及将棍子和植物绑在一起的绳子。一双手套也是必不可少的（旧的都可以）。

浇水

当阳光照射在植物上的时候，不要给它们浇水。春天的清晨、下午晚些时候或黄昏，都是浇水的最佳时间。最好用带有寒气的水浇灌。在给树苗或细小的植物浇水时，不要让软管离开喷壶，而在浇灌较大的植物时，最好拿下软管，让水轻轻地喷洒，然后等待水流沿着植物的根部周围渗下去。如果地面非常干而硬，就用一把耙子将植物周围的表土打碎，或者用叉子小心地将土往里推一推。因为这样做有助于让水渗到土壤里。

在热天和干燥的天气里，浇水一定要很有规律。如果你这一天好好地给自己种植的植物浇上一次水，而之后却连续一星期都忘了浇水，那对植物来说是无法承受的。

对蕨类植物而言，如果你希望它们始终都保持鲜嫩和翠绿，就要每天下午都小心地喷上一次水，而且要喷透。你用喷壶给它们冲个“澡”，它们所有的叶子便会显得更加闪亮。

在多年生植物、每年生植物以及蔷薇科植物开花时，如果给它们洒上一些水，它们便会极大受益。

靠墙的种植盆

如果你的花园非常小，却紧靠一面有日照的墙壁，那么可以对着墙壁稳稳地安放一些木制的或由花盆组成的种植盆，这样一来，植物生长的空间就会大大增加。这些种植盆里要装上肥沃的土壤，里面可以种植桂竹香、石竹、各类块茎植物、水竹草以及各种各样的昙花等等。

边界

当得到一小块地皮来养花种草的时候，你要做的第一件事情就是制作出一条边界，以清晰地标明它的区域。有好几种方式可以做到这一点。有时候，不同的小花园用贝壳划界。贝壳很干净，但跟花朵放在一起却显得不太协调。还可以用瓦片摆成一条整齐的人工边界，不过，最好的办法还是用天然而粗糙的石头，其长度最好在6-12英寸之间。先将这些石头放在水槽中浸泡，不久它们就会裹上绿色的小青苔。如果在石头与石头之间不规则的缝隙处撒一点低矮的每年生植物（如伞形屈曲花）的种子，或者种几粒百里香、蓝色的勿忘草或某种景天类植物，那么这条边界就会成为花园里最亮丽的风景之一。如果你喜欢用成长速度较快的植物划界，可以在花园四周种上一排菊苣，这样就像建了一道好看的小篱笆一样。当它们长到结籽的时候，再对其修剪一番即可。不过，最自然的边界当然还是由小花盆组成，但是摆上一圈小花盆也是一件很麻烦的事。

每年生植物

所有每年生植物的种子都可以根据地区特点，在每年的三月至六月间播撒。随便从附近找一个养花有年头的人，他都会告诉你什么时候种植每年生植物为宜。有些花你可能比较喜欢，如果是这样，可以将这些花的花籽每隔两个星期就种几次，这样，从夏天到秋天，你就能连续不断地看到自己想看的花儿了。

播种的准备工作

在播种之前，先要看看土壤是不是被很好地破开了，并且将所有大大小小的石头拿掉。

当你已经决定在某个地方播种种子时，要先间隔有序地挖好一些小坑，然后将种子播下去。要记住，每种植物之间都要间隔4至12英寸。然后轻轻地将你移走的土盖在种子上，并用手中的泥铲将它压紧。之后，把白色的小木条放在种植处作为标记，在上面用无法擦除笔迹的钢笔写上所播种子的名称。在播撒很小的种子时，如果先将它们与细沙混合在一起，在播种的时候会更容易使其间距稀疏。种下之后，必须先用喷洒了一些水的细土将其盖上，但是香豌豆和旱金莲必须埋得深一些。

间苗与移植

在树苗长出之后很短的时间内，就要开始间苗，但要注意不能拔掉太多。土壤湿润的时候间苗是最容易的。当树苗长到2英寸高的时候，就只将那些你希望留下来的树苗留下。要想准确地说出不同的植物之间到底该间隔多大距离，并不是一件容易的事，但基本的规则是：长到6英寸高的植物，每株之间大约应间隔3英寸；而长到1英尺高的植物，每株之间大约应间隔6英寸，依此类推。高代花、旱金莲、黑种草、豌豆花、矢车菊以及翠雀的苗在长到2英寸左右高的时候可以移植，不过你要知道哪里没有播下相应的种子。移植的时候，先在地表的土壤浇好水，然后轻轻地将树苗移出，动作要轻柔，不能使劲捏着它们纤维丰富的细根。如果有可能，在每株树苗移植的地方再去掉一点点土。此外，要尽快将它们再次种下去，并且为每株树苗挖一个足以让其根茎全部展开并容纳其中的坑。用正确的手法拿住树苗，并用非常湿润的土壤将坑填上。也可以在挖完坑之后，先往里面浇水，然后取回一点土放进水里，并搅成一种浆糊状，再将树苗放进去，并用剩下的土将坑填平。没有被移植的树苗必须保持湿润，直到它们长势良好。如果有条件，应当用常绿植物的枝丫为它们遮荫，因为它们在强光照射下非常容易发蔫。

对所有树苗都必须经常小心地浇水。如果你能注意到阳光晒干地表的速度，就要观察有没有使土壤始终保持湿润的必要，直到树根渐渐长大并深植于土壤底部。

杂草与树苗

种植者必须知道幼苗在成长过程中会长成什么样子，这一点极为重要。因为在温暖湿润的气候条件下，你必须勤除草，倘若不注意，那么豌豆花和罂粟等就会长成像垃圾山那样不像样，而花床上则会留下卷耳之类的东西。尽管之后一段时间，鸟儿会喜欢吃这些东西，但花园里的景象仍然会让你心灰意冷。当然，如果你给种子做了很好的记号，可能还没有那么多麻烦，不过即使如此，杂草也会在它们之间疯长。唯一安全的方法，就是要了解所有树苗的样子，而为了帮助自己记忆，你最好在你的园丁日记本上将它们的样子一一画出来。

秋播

有些种子如矢车菊、高代花和罂粟等等，可以在秋天播种。一般来说，它们会经受住严冬的考验，而且与春天播种的同类种子相比，秋播的种子长成的植物和花朵会更美丽。此外，这些植物应在开阔地上稀疏地播种。

随便找一本高质量的植物介绍书籍，你便会知道哪些一年生植物符合你的要求；如果能再从某位经验丰富的老园丁那里讨一点主意，你就会轻松地选出自己该种点什么。

两年生植物

这种植物最好在五月份播种。如果花园里没有地方，也可以将它们种在普通的木箱子里。要提前在箱子里填上几英寸厚的优良土壤。之后，可以将它们移植到永久生长地去。

需要记住的是：如果经常为植物剪枝并去掉枯萎的死叶，那么所有植物的开花时间都会更长。

萝卜

每隔三个星期，就稀疏地种一点萝卜种子，并且轻轻地用土盖上。这些种子还应当用网保护起来，以防鸟儿食用；并且要浇很多水，否则萝卜就会结成许多丝并且没有水分。在夏天，要将萝卜种到阴凉的地方。

芥末和水芹

芥末和水芹的种子随时播种，差不多都可以成活。在酷热的夏天，要将它们种在阴凉的地方，以免它们受正午的太阳直射。水芹要始终在芥末种植三天之间便播种。

草莓

草莓要在八九月份精心播种。为每株草莓挖个坑，使草莓树的根茎能很好地展开并纳入。在填土的时候要手拿树苗，使根和茎交接的部分刚好能在土壤下面。每株草莓树都要离旁边的草莓树18英寸左右距离。将所有的长匐茎全部砍去（长匐茎是指植物在春天伸出的细长的匍匐茎）。如果天气干燥，就要多浇水。要保护草莓免遭鸟儿啄食，还要精心防止最喜欢吃草莓的刺蛾前来偷袭。当草莓树开始结出果实的时候，在草莓树底下以及树与树之间放一些稻草，这样可以使草莓始终保持干净。

城市花园

到目前为止，我们一直都在谈论乡村花园，或者说都在谈论室外花园。而要打理城市中的花园，就要难得多了，因为这里有太多的不确定性，而且就算你护理得再精心，都可能得不到乡村花园里的那么多回报。不过，长在阴暗的墙脚和冒烟的烟囱下面的花朵，看上去仍然是那么妖艳，甚至能使你忘记它们要是生长在其他环境下到底会是多么的枝繁叶茂。

适于城市生长的花儿

下列每年生、多年生植物和球茎植物，在城市的中心也可以长得很好。虽然这个列表并不完整，但它所包含的植物足以让你的花园丰富多彩了：

一年生植物	多年生植物	球茎植物
庭荠	银莲花	番红花
屈曲花	风铃草	水仙花
寇林希草	飞燕草	风信子
金鸡菊	鸢尾	圣母百合
木樨草	天人菊	海葱
旱金莲	石竹	西班牙鸢尾
罂粟	向日葵	郁金香
向日葵	桂竹香	冬乌头

除了上面提到的植物之外，耐寒的蕨类植物长势也很好，其他如峡谷中的百合、景天和裂石草也是如此。水竹草的长势也很茂盛，而金莲花无论在城市还是乡村都很能长。

在夏天，天竺葵、灯笼海棠、缬草（需要多浇水）、三色紫罗兰、马鞭草和香味天竺葵等等，都可以移植到户外。

玫瑰在城市里长得并不好，不过，耐寒的玫瑰却可以开出足够多的花朵，给它们的主人带来巨大的惊喜。

室内园艺和窗口花坛：几点小提示

如果在窗台上种满花草和绿色植物，将使整个房间变得生机盎然、与众不同。当然，在屋里种植总是有一些必然的困难，不过，这些困难多少是可以克服的。困难之一就是冬天的昼夜温差很大，另一个困难就是室内的暖气对植物有不利影响，第三个困难就是有灰尘存在。如果在晚上将花儿从窗台上移走，放到屋子中间的地方，就可以在很大程度上克服昼夜温差大的问题。如果严寒时有霜冻的危险，做到这一点就尤为必要。如果养花的屋子里成天烧暖气，那么最好就是在晚上不厌其烦地将它们搬到另一间屋子里，因为这样就没有什么能再对它们造成伤害了。至于灰尘，对蕨类植物和叶片光滑的植物每周应当用温暖的水轻轻地浇一次，否则，其叶面上的细孔就会堵住，使植物无法呼吸。叶瓣娇嫩的蕨类植物、天竺葵等植物不能吸水，这就需要在暖和的天气里偶尔给它们喷洒一点水，并在下小雨的时候将其放到户外。如果要给房间打扫卫生，就要将植物搬走，或者用软纸盖住。

用来种植的窗台应当能晒到太阳，并且要尽可能地通风。除非天气非常温和，否则不要开窗。你需要记住的一件事是：无论将植物放到哪里，都要让它们晒到足够的阳光，并尽量减小温差。

浇水

关于浇水这个问题，并没有严格的规定，不过应当注意一点，就是千万不要将浇花的水始终放置在容器里。在冬天，每周在早上浇一次温度适中的水就足够了；在春天，由于植物生长很活跃，因此需要更多的水；而在夏天，要随时关注植物的长势并浇水。你还需要记住的是，不仅植物的表面，连它们的整个土壤，都需要保持湿润状态。

花盆

在春天，如果植物长到了花盆之外，或者长势不是很好，就要换一个更大的花盆，并且换上你所能找到的更肥沃的土壤。在更换花盆之后，要好好地浇一次水。

每天都要将植物转一个方向，因为阳光总是让植物朝着它的方向生长。

适于室内养植的植物

下列植物适于在室内生长。最前面提到的是绿色植物。

蜘蛛抱蛋：在所有的绿色植物中，蜘蛛抱蛋是最适合在室内种植的。（实际上，这种植物的生命力特别顽强，它不仅能经受干旱，甚至能承受一定量的不利气体。）它平滑而美丽的叶片需要每周小心地浇水。

印度橡胶树：印度橡胶树是一种非常好看、光滑而且叶片明亮的植物。但不能给它浇太多的水。

蕨类植物：有几种耐寒的蕨类植物在窗台上长得很好。掌叶铁线蕨是一种非常美丽的植物，而且生命力持久，但它在第二年就会长得很差，除非你将它放进温室并且精心呵护。

常春藤：叶小色杂的常春藤几乎在任何环境中都能生长。它的叶片要始终保持干净。如果长在小棚架上，它会显得非常美丽。

日本蕨球：在二三月份，你可以买一些日本蕨球。要先将蕨球放在水里泡上两三个小时（尽可能用雨水），然后将水沥干，把它挂在没有太多阳光的窗户上。之后，每星期要浇三次水。慢慢地，这种娇嫩的蕨类植物就会长大，等到球长成一大团绿色植物的时候，它就会展开。在十一月，要将它们移到阴暗的地方，直到来年二月再搬回到原处。

迷你树：栗子、山毛榉、橡树以及榛子的小型树干也可以生长。当这些坚果下落的时候，将它们收集起来，放在黑暗的地方，直到圣诞节之前两个星期左右，再将它们放在满布潮湿青苔的碗里或装满土的盆里，然后放在靠近热管道的温暖而黑暗的角落，或者放在暖和的碗柜里。这种温暖的环境可以促进植物的根的生长。当根长到2英寸长的时候，在碗里装满青苔或鹅卵石，并将坚果放到最上面，使其一半被覆盖，根部朝下，并将其放到一间有充足光线的屋子里。要经常浇水，但不要在碗里留太多水。

小麦或金莲花的种子：小麦或金莲花的种子可以在各种各样的盘子里播撒，但在盘子的底部要盖上一层湿青苔。将种子密密地撒下，然后将盘子放在黑暗的碗柜上，直到种苗长到2英寸左右的高度。之后，将其放到有阳光的窗台上。种子要花三个星期左右的时间来生长，待其长成后，屋里会出现一抹亮绿色的美丽风景。要使青苔保持湿润。

芥末和水芹也可以种在盆里或湿润的绒布上。

风铃草：蓝色或白色的风铃草几乎在任何乡村的窗台上都可以生长，而且非常好看、十分优雅。它们也可以长在盆里，但放在悬挂起来的篮子里时最为好看。

灯笼海棠和天竺葵：灯笼海棠和天竺葵是能给屋子带来喜庆和快乐气氛的植物。好的品种要在早夏的时候购买，并且要精心浇水。在冬天，这两种植物要始终放在阴冷黑暗的地方，直到来年开春，它们才会再次生长。这两种植物都可以通过剪枝而变得枝繁叶茂。为此目的，可拿住一根大约4英寸长的枝条，然后在树节的正下方将其剪断。接着，将树节正上方的叶子扯掉，然后将其放到一处有阳光的角落的土壤里，并好好浇水。大约过一个月，等其根部成长后，再将其移植到花盆里。

球茎植物：球茎植物如郁金香、鸢尾草、水仙花、番红花和雪花莲等等，都可以长在填充有可可树根须的花盆里或深底的陶盘里。这些种子可以从养花人那里购买。在根须中混合一些贝壳、鹅卵石或沙土，并在盆的底部垫上一大块木炭以保持土质新鲜。球茎植物只需要用一层薄薄的根须土覆盖。定期对其浇水，它们就始终不会变干。如果你的花盆没有排水孔，那么可以在浇水之后过一会儿将其轻轻地转一个方向，这样，没有被根须充分吸收的水分就可以流动了。

球茎植物也可以在室内的土壤里生长。十月份，将它们种在表土正下方，并放在一个较凉而又黑暗的地方，直到其一点点长大。之后，将其放到一个有阳光照射的窗台上。西樱草水仙以及黄色的长寿花等等，都长得很好，郁金香、洋水仙和番红花也是一样。只要在有阳光的窗台上，斯卡伯勒百合都可以生长。在八、九月份，其长出的红花非常绚丽，令人难忘。这些花应当在秋天种植，并且要给其留有足够的空间以便它们的根能够伸展开来。

幸运百合是一种非常顽强而又美丽的多花水仙属植物，可以长在装满鹅卵石和水的碗里。用干净的鹅卵石（可以在海滩上捡拾）将碗填满至碗口，并在中间种上球茎植物，再用水覆盖。待水分挥发之后，再适当添加。在鹅卵石中间，再放上两三块木炭。

在玻璃瓶中养植的球茎植物

洋水仙和水仙花也可以在装满水的玻璃瓶中养植，可以购买专用的玻璃瓶，也可以用那种瓶口正适合放置球茎植物的瓶子。球茎植物应当在十月份放进玻璃瓶，而且不能让它过多地接触水。要使用水质良好的新鲜水，并在瓶中放一小块木炭。每周要换水一次。在阳光明媚的日子里，每天可以将洋水仙拿到屋外放一会儿。

窗台花坛

在一个窗台花坛里，你不能种植太多的植物，不过种为数不多的几样也是非常有意思的。在城里，许多人都这样种植，看上去往往到处都是“窗台花园”。

窗台花坛的长度取决于窗户的大小，其深度至少为10英寸。在花盆的底部，应当放一些煤渣或其他粗糙的材料，而在花盆里，应当尽可能填充最优质的土壤。由于花儿的成长过程各不相同，因此有必要尽可能寻找最肥沃的土壤。土要保持平整，或者一边或两边略高，再加几块石头形成一个小假山，这样，你就可以在假山上种一点小的裂石草和其他岩生植物了。

在窗台花坛上种植的花儿

旱金莲和金莲花可以在花坛各端搭起的棚架（用小棍子制成）上攀爬，也可以附着在固定于花坛的细绳上，并且牢牢地粘在窗台侧面的高处。水竹草或叶片常青的天竺葵会搭在花坛的前面，使花坛显得非常欢乐明快。球茎植物如冬乌头、海葱、雪花莲、水仙花、郁金香和鸢尾草等，都能在花坛里茁壮成长。这些花儿要种植得比较深才行。樱草和勿忘草也都能种植。到了五月份，可以以半边莲为界，再种一两株天竺葵、三色紫罗兰、灯笼海棠，一些马鞭草和一点麝香树。木樨草、弗吉尼亚紫罗兰、寇林希草，都可以于春天种成一小片或一条线。

要想让所有植物的叶子尽可能地保持干净，方法是用软管轻轻浇水。不要由于疏忽而使土壤变干，或者由于浇水过多而让植物浸透，而是要适量浇水，因为水太少只能影响土壤表面，而花坛最下面的植物根茎也需要保持湿润。

切花与扎花：花的邮递

如果有可能，最好在你打算投递花朵之前的一天便将花儿挑好。在下午挑拣花朵，先分门别类，然后将它们扎成一束，再放到水里只露出头部，晚上就这样放置着。水池是放置花束的最理想场所。如果花的根茎特别长，就可以在水里放一两个果酱瓶，以帮助花朵不要翻倒和漂流。需要注意的是，不要让花朵接触到水。将花一直放在水里，直到要包装为止。锡制的盒子最适于邮寄花儿，但一般而言，恐怕你只能用纸盒。挑选你认为最能持久的花儿。用两张纸作为衬里，一张交叉放置，另一张伸开放置，但每张纸的长度都足以在将花朵包好后再次折叠。之后，再用一些比较凉的大叶片或苔藓作为衬里。将花朵上的水抖干，并尽可能将其紧密地包好，但一定要小心不要压碎花瓣。再用几片叶子将它们盖起来，并用纸包住。接着再对装花的盒子进行包装，但别忘了在一张标签上写好地址，并将标签系在盒子的一端，这样的话，就不用在盒子身上盖邮戳，从而使盒子有毁坏的风险了。

挑花

挑选用于邮寄的花儿时，千万不要挑选那些快开过的花。一般来说，花的蓓蕾要选最好的，特别是邮寄罂粟的时候；但是，在花朵开口的正上方应当要有花蕾。要始终用剪刀来剪花。如果天气干燥，要轻轻地拽着植物，使其根部离开地面。将花的长茎和一部分绿叶剪掉，并在你要用于邮寄的盒子的最上端，放上一些闻起来沁人心脾的东西（比如马鞭草或木樨草），因为收到这样一份特殊礼物的人最先闻到这种香味，岂不快哉？

收花

当别人把花朵寄给你的时候，你要先用斜割法剪一下每条根茎，然后再将花放入水中。对根部稠密而又娇嫩的花，应当剪去半英寸左右，而对木纹化的根茎最好是剪去一两英寸。将花朵放入水的深处，以消除它身上的寒气。要在挑拣没有烂掉的花朵之后，马上将其放入水中。每天都要换水。当花儿看上去全都变成褐色或者干燥了的时候，就要再次剪去其底部的根茎。

宠　物

> 没有独立就没有自由，因此，我们必须指导孩子的个性得到自由、积极的表现，使之通过自己的活动达到独立。小孩子从断奶起，就开始努力走上这条独立的道路。
>
> ——玛利亚·蒙台梭利

在任何情况下，下面这些关于照料宠物以及熟悉其习性的提示都并非万能的。不过，总体而言，它们还是会让你了解到最实用的一些规律。万一有一条狗或一只鸟真的生病了，而常用的治疗和救助方法又都不管用，那么你就应当去请教那些业内的行家。这是因为，所有孩子都多少与本章没有提及的此类人士有过接触。作者进行以下提示的更多目的，在于对那些通常被视为宠物豢养的动物进行一般性介绍，同时对如何照看才能保证它们的健康提供几条建议。

狗：如何照料和喂食

所有的狗都需要进行大量的锻炼，实际上，当它们长到超过六个月大的时候，由你过多地主宰它们的生活几乎是不可能的了。长到十二个月时，它们就能跟着一匹马走路，但是一般来说，自行车的速度对于一条狗来说是太快了，而过多的强迫性练习甚至可能使它们生病。给予它们大量空气和自由度非常有必要，而且除了晚上之外，不要总用链子将狗拴住，而在晚上，要给它提供一个舒适的、没有过多空气流动的狗窝。屋子里是狗睡觉的最佳场所，如果它住在专门的狗窝，就要尽量使它的窝宽敞些，并且每周要更换两三次干净的稻草，铺完后的高度要离开地面6英寸左右，从而使狗窝始终保持干燥。狗窝前方最好有一块空旷的场地，因为这样，狗就不需要套链子了。在场地上，应当有一把木制的长椅供它躺卧，并用一块斜顶遮风挡雨。狗要始终有一个陶制的水槽，里面放有干净的饮水。对多数狗而言，一天喂食两次后会长得最好：早上少吃一点，吃点饼干或黑面包；将食料或喂狗的硬饼干蘸上肉汁，再辅以足够的米饭，对狗来说就是一顿美餐。圆形的皮项圈对于毛发很长的狗来说最为适合，因为这种项圈既不让狗的身体过多暴露，又不会将外衣弄脏，但对于皮毛光滑的狗来说，最好用扁平的普通项圈。

洗狗

狗不用经常洗，而且只要它们每天都认真地梳理了，就没有必要洗。结实的硬毛刷最适合于皮毛较短的狗，而如果狗的皮毛较长，那么可以用较硬的发刷，或者那种带有金属鬃的刷子，这种刷子可以从大多数的马具用品店里购买。

如果你家的狗确实需要好好洗个澡，应当使用普通的黄色肥皂和又软又厚的毛巾。提一满桶温水，准备一个带柄的大水罐，一块碱性温和的黄肥皂，以及一桶凉水。按照先是狗的后背、肩膀和身体侧面，最后为狗脑袋的顺序，在狗身上洒一点温水，同时给狗全身打上肥皂直至出现泡沫。注意不要将水弄到狗的耳朵里，或者将肥皂泡弄到狗的眼睛里。接下来，用温水冲洗狗皮毛上的肥皂沫，先从头部开始。接着，用凉水洒遍狗的全身，并让狗自己将水甩干净。用毛巾将狗身擦干，并让它在草地上跑一跑。体形较大的狗应当在院子里洗，小狗则可以在室内用浴盆洗。所有的狗在洗完澡之后，最好都给它吃点东西。让狗跳进池塘里或河里游泳，既可以锻炼它的身体，又有益于其健康；但不能将狗扔进去。

给小狗喂食

宠物狗一开始需要每天喂5次食。长到4个月大的时候，每天就只用吃4顿了。到了12个月大的时候，它们就长成了成年狗，每天吃2顿便已足够。喂食时，时间不要晚于晚上6点钟，而且在吃完最后一顿之后，别忘了让它们走一走路。狗在要睡觉时吃一点干燥的狗食是无害的，偶尔让它们吃一大块羊骨或牛骨头也不错，但是小骨头很危险，因为碎骨可能会让狗丧命或者受到严重的伤害。

犬热病

未成年的狗几乎肯定会得这种犬热病。如果一条6至8个月大的小狗情绪委靡、一声不响，而且双眼红肿，你就应当马上将它放开，将它裹在又厚又暖和的棉绒布里，用凉茶清洗它的眼睛，并且小心照料它的饮食起居。这时想让它吃点东西是很难的，但你必须哄着它，甚至将浓牛肉茶或牛奶灌进它的喉咙里，因为它如果不吃东西，就没有体力与疾病做斗争了。如果它愿意吃，动物的内脏是它最好的食物，就算不吃，也要想尽一切办法诱惑它，并且让它尽可能地多吃一些。在你带着你的小病号散步时（它也需要锻炼啊），不要将它带到可能遇到其他狗的地方，因为犬热病具有很强的传染性。在它身上多加一件衣服，并且将它的咽喉和胸部围好。犬热病是一种发热病，最容易受到风寒，因为风寒意味着会诱发某种炎症，而身体虚弱的狗遇到炎症是很难痊愈的。当一条狗出现患上犬热病的症状时，最好马上去找兽医。

狗耍的把戏

如果你的狗是一条小猎犬，那么你可以教它的把戏可谓没有穷尽。一般来说，总是先教它学会“诚信”，因为这是训练它的基础，而这一点在它两个月大之前就可以学会。一开始，不要总是让它处在“诚信度考验状态”，而要慢慢地让其适应，直到最后就算你离开房间，过一段时间再回来，它依然不会被饼干所诱惑。之后，你就可以教它装死、跳华尔兹、唱歌、提要求、拳击以及乞求。培训时，始终要有耐心而坚定。成功后立即兑现奖励，但绝对不要对其屈服。当然，你要教狗学习各种把戏时，一定要记住狗的表现和特点。在面对一些生性高贵的狗，如獒犬、丹麦大狗和猎鹿犬时，不要枉费心机想将其变成表演者。在所有品种的狗当中，最能精巧地掌握各种技能的狗是狮子狗。

狗应当怎样养

不要把狗看管得太死。要记住：要想充分培养狗的个性，就需要给它多一点自由和独立空间。一条有进取心的小狗在一周内通过观察和锻炼学到的东西，要比一条好吃懒做的哈巴狗一辈子学到的都多。狗会学会自力更生，但当真的遇到困难时，它总是会回到自己的主人那里去。而作为它的主人，你必须注意不要误解它、漠视它，因为狗也需要同情、需要爱；如果得不到同情和爱，它就会变得畏首畏尾、愚蠢至极，或者变成一个废物。

买狗

如果你想买一条狗，最好的方法是找到一些大型狗类展览会的目录，并找到你想买的那种狗的某个知名养狗人的地址。如果你写信给他，并且能准确地告诉他你想要什么样的狗，那他可能会以比较合理的价格给你寄一条合适的狗。如果你想通过广告买狗，就要先试用，不合适再退狗。另一个不利的条件是：不管是什么情况，在买狗时，你都无法了解它的脾性（因为这东西主要靠遗传）或者它的真实年龄。无论如何，你最好都要亲自买狗、亲自培训。这样做一开始可能非常麻烦，又费时间又费精力，但是狗的年龄越小，培训的空间就越大。购买的狗的最佳年龄是5周左右。经过数周昼夜认真的观察和照料，你就会有一条最适于接受培训的狗，这样一条狗也是之后数年内你的理想伙伴。

这里我们简要地列出一些品种最知名的狗，排在第一的是小猎犬：

嚣（小猎犬的一种）

嚣非常善于控制自己的情感，不会轻易发脾气，一般来说也不会轻易争斗，除非激动过头。嚣是一种很露怯的狗，就算受到粗暴对待，它也很可能甘当一个胆小鬼；但是，这种品种的狗如果训练有素，就没有谁比它更适合当一个忠诚可靠的朋友了。

猎狐

猎狐在室内时，通常是一条不安分的狗，实际上，让它过多地待在室内，甚至会影响它的智力。它非常喜欢争斗，不过威严的主人可以改变它这一点。在敏锐性、智慧和顽强的意志方面，它不输给任何其他种类的狗，而且没有哪种狗有它那么好奇心强和充满热情。在小狗里面，它可能是你的最佳选择。

爱尔兰犬

爱尔兰犬最大的缺点是它喜欢没来由地狂吠。但是，它特别有智慧，积极主动，精力充沛，而且你所能为它设计的各种精巧的把戏，它都能够学会。

其他猎犬

此外还有许多其他猎犬，例如皮毛几乎拖在地上的匐犬、爱尔兰王室犬、威尔士犬以及其他一些不太知名的犬种，不过论勇气、智力和忠实程度，它们都不可能战胜器。

西班牙猎犬

在所有的西班牙猎犬中，矮脚长耳猎犬是最聪明、最好看的，此外，它尽管不是一种特别外向的狗，但却对主人忠心耿耿。

长耳软毛猎犬是一种很小的西班牙猎犬，它是一个活跃而快乐的小家伙，具有一定的记忆能力。黑色的西班牙猎犬和深赤褐色的苏塞克斯犬像矮脚长耳猎犬一样，也是最古老、最优良的犬种。而且苏塞克斯犬种类繁多，不同品种的此类猎犬能占满你一整间屋子。这种犬安静、优雅、彬彬有礼。常见的诺福克西班牙猎犬是一种聪明而善游泳的狗，同时也是一个忠诚的伙伴。一条让你满意的此类小狗最多不超过五美元。它和矮脚长耳猎犬是最适合当宠物豢养的西班牙猎犬，此外，这两种犬经过精心培训，还能够在田间地头出色地劳作。

能寻回猎物的狗

猎物寻回犬有时候能当人类的好伙伴，但对于大多数人来说，它们的主要能力就是能找到回来的路，除此之外，人们没有多少兴趣将它们的智慧用于其他方面。

谍犬

谍犬是一种睿智而重感情的动物。它热情奔放，需要人们精心培训；但是，如果它还是小狗时你就将它训练得很好，那么你就可以带着它去任何地方，因为它是一位十分英勇而又谦恭的绅士。从颜色上看，英国谍犬由于品种不同而各式各样。戈登谍犬呈黑褐色，而爱尔兰谍犬则呈红色。

柯利犬

人们都认为柯利犬脾气古怪，但这种坏名声其实并没有充分的依据。不错，它们确实容易激动，如果你和它们玩笑过头或者粗暴地对待它们，它们也可能会咬你一口，而且对于自己的错误也不虚心承认；但是，有些养有许多此类美丽犬种的人却证实说，他们发现此类犬种从来都是那么可爱和睿智。一条柯利犬应当对某个主人从一而终，因为许多个主人会使它在感情上过于博爱，而在这样的环境中，它就不会成长得多聪明。柯利犬在工作时是最英明的狗，它能认出自己看护的每一只羊。在雪天或雾天，它会先将每只羊都赶进羊圈，然后自己才休息。

你可以教柯利犬捉迷藏，这是一种它们非常喜欢的游戏。先在屋里藏一个球，并帮助柯利犬寻找它，天长日久，它就能靠自己找到任何东西，并且会到房间和花园的每个角落里寻找。要说有哪些坏习惯，许多柯利犬的一个大问题，就是它们喜欢在马群里跑来跑去并且狂吠。要想阻止这一点，可以对柯利犬紧紧跟踪，看看它都喜欢去哪些地方。

牧羊犬

古老的英国短尾牧羊犬是活泼而又马虎的伙伴。它不适合当看门狗，但却是个诚实、可信而又优秀的工人，特别招人喜欢。

纽芬兰犬

纽芬兰犬是一种体型庞大的兽类。纯种的纽芬兰犬通体发黑，仅仅在胸部有一个白色的星。站立时，它的肩部以下至少为27英寸。黑白相间的纽芬兰犬叫作兰西尔纽芬兰犬，这是由于兰西尔这位著名画家非常喜欢它们。

从性格上讲，这种狗高雅而大度，孩子们特别喜欢。我们听到过许多故事，都是讲述它们拯救落水者性命的英勇事迹。纽芬兰犬曾被用于在纽芬兰岛干活，并由此而得名。

獒犬

獒犬是最合格的卫士，与其他任何一种犬类相比，它都更有保护主人财产安全的最纯正的本能。它是地地道道的忠诚卫士，而且一般来说也是文雅而优秀的伙伴。

斗牛犬

斗牛犬不聪明，而且特别不感性。虽然很情绪化，但它并不争强好胜，也不野蛮残暴；只要你善待它，它无疑会是一种安安静静而又忠诚老实的宠物。斗牛犬如果“穷养”，很可能要比它那些带有“贵族血统”的亲戚们更聪明。

圣伯纳德犬

最威严的狗要算圣伯纳德犬了。它侠气逼人、富有远见，其牺牲奉献精神卓尔不群。一旦成为你的朋友，它就永远是你的朋友。尽管和你在一起时它从不犯错误，但它很可能会对着陌生人咆哮，而且你也不能指望它永远对来客彬彬有礼。如果你有一条毛发粗糙的圣伯纳德犬，就应当定期为它梳理毛发，小心呵护。因为它是一种很娇贵的狗，如果你听任它浑身湿漉漉的，或者躺在很潮湿的地上，那么它的背部和后腿就容易受到伤害。

丹麦大狗

丹麦大狗或叫猎猪犬，是一种有力而活泼的狗。它的外形很容易让你想到野兽，而且它也特别适合担任护卫的角色。它对自己认识的人有礼而听话，而它的无畏、智慧和力量，都使它成为了人们最想要的伙伴。

猎犬

要说我们所能看到的猎犬有很多：英格兰灰狗是最敏捷的狗，但却既不非常聪明，也不十分感性。苏格兰猎鹿犬优雅而对主人忠心耿耿，面对大门和手杖均可一跃而过。爱尔兰猎狼犬比其他猎犬都要庞大，但并没有那么优雅，不过，它有一颗大心脏和令人称羡的勇气。格乐特犬就是这种品种。此外还有俄国狼犬，其外形集灰狗和塞特猎狗之大成，也是一种非常好看而又比较愚蠢的动物。最后还有大猎犬，它最突出的特点就是很聪明、脾气好，而且忠实可靠。它是最好的狗之一，智慧、自立，对主人忠贞不二。这种狗很少甚至从不无端打架，但由于警惕性高，它也十分英勇无畏。

小型狗

小型狗非常聪明，但却吵闹而任性。它们不被认为是好玩的宠物，因为它们没什么创意；但你却可以教它们各种把戏，如果认真培训，不纵容迁就，它们的智力无疑也会得到很大的提高。小型狗当中，最好的要数哈巴狗、波美拉尼亚狗、查尔斯王犬（颜色黑褐相间）以及布伦海姆狗（白色和红棕色）。

波美拉尼亚狗

波美拉尼亚狗是一种非常敏捷而又相当活泼的狗，它的聪明或温和的特点都并非特别突出，不过，就狗的所有品种来说，真正具备这一特点的狗也只是个别。

狮子狗

狮子狗很聪明，而且是所有狗当中最善于学习把戏的。此外，狮子狗也非常昂贵。

杂种狗

杂种狗可以成为人类最好的朋友。与它们出身过于高贵的同类相比，它们通常最为原汁原味，也更有进取心，此外它们也非常自立；不过总体而言，与良种狗相比，它们没有那么勇敢，也没有那么忠诚。拥有一条杂种狗的主要优点，是偷狗的人通常不太可能对它感兴趣，这样你就能给予它更多的自由。与一条需要你关起门来精心照看的狗相比，杂种狗可能更加善解人意和聪慧敏捷。

猫

关于猫没有更多可说的，不过有一点：它们需要更多的爱抚，要食用大量牛奶和美食。应当始终让它们在篮子里或椅子上有一个温暖的床。晚上，你千万不能让它们独自待在户外。

野兔

作为宠物，在所有的兔子当中，最聪明、最靓丽的是野兔。如果你能得到两三只野兔崽，并用牛奶喂食它们，它们会长得非常温顺。不久前我们听说有两只小野兔被人带出兔笼，拿在手上。它们和它们的女主人以及一条牧羊犬幼犬在一起玩，它们在屋里乱跑，在地板上和家具上追逐。到了夏天，一只小兔跑出了草地上的兔笼（那是关它们的地方），于是另一只也趁机溜之大吉。若听到主人的召唤，它们两个都会从树丛中跑出来，追着主人的衣服跑，到主人的口袋里找麦片或苹果屑，而且也会和它们的老朋友即那条牧羊犬玩。后来，我遗憾地听说它们都死了，因为有一条陌生的大狗前来袭击。它们并没有看出这条狗是敌人，于是很快就成了后者的牺牲品。

家兔

兔类中的长毛安哥拉兔非常聪明，而且长得好看。这种兔需要经常给它梳理毛发和精心照料，否则它们长长的毛发就会打结，显得非常邋遢。比利时兔是一种身形庞大而又非常有力的动物，虽然脾气有点变化无常，但它们有美丽光亮的皮毛，而且又有魄力又搞笑。垂耳兔是一种威严的兽类，与它竖起耳朵的亲戚们相比，显得不那么活跃。喜马拉雅兔其实与它得名的喜马拉雅山这一山脉并无关联，它的身体颜色为白色，但它所有突出的部位，包括鼻子、耳朵、尾巴和四肢，却都是黑色或深灰色。荷兰兔体形很小，身体呈彩色，但是脖子、前腿和下巴却都是白色的。不过对于一般的养兔人来说，在兔笼里有这样一种很特别的兔种也没什么要紧。

兔笼

用杂货店里的木箱就可以做成一个很好的兔笼。将箱子的前部敞开一部分，用横条或电线织成的网做成栏杆，再开一个门。兔笼应当有支撑脚可站立在地上。起码也应当直立在地上，在笼子的底部要开几个孔以便排水。之后再在笼子里铺上干净的稻草，就可以将兔子放进去了。在阴冷潮湿的天气里或在夜里，最好在笼子的外面罩一块布以便保暖。笼子应当有良好的通风条件，而且应当做成两间，一间要有充足的光线，另一间则不见光。这样一来，兔子就可以在你打扫这一间的时候，到另一间屋子里待着了。

食物与锻炼

糠、谷粒和蔬菜（例如豌豆、香芹、胡萝卜等等都可以，但不要让它们吃太多的卷心菜）都可以充当兔子的食物。建议大家偶尔变换食物的花样。叶片不能是湿的，不过笼子里要始终保持有一盘干净的饮用水。

这种动物每天至少应当有半个小时的时间在外面奔跑，以防止它养成长期穴居的习惯，同时也要防止它去找有毒的东西吃。不要让兔子的大家庭同时外出，因为它们非常好斗。如果你懒得定期并且彻底地打扫兔笼，其结果可能会使兔子生病。颜色与野兔最接近的家兔，其性格最为勇敢。

兔子的教育

如果你发现有一只很聪明的兔子，当你叫它的名字的时候，它立即就能学会跑过来找你；那么你经过耐心教育之后会发现，当你说“别吃”的时候，它不会碰你为它准备的美味，而当你说“可吃”的时候，它才会去吃。它还能学会“装死”。当你叫它握手的时候，它便会握手。

天竺鼠

天竺鼠的豢养和宅居习性与兔子类似。

松鼠

在买小松鼠的时候，一定要保证是年龄很小的松鼠，这是因为，虽然年龄不大的松鼠很难被驯服，但成年松鼠甚至根本不可能被驯服。如果你无法为它提供一个堪称庞大的鼠笼，里面足以放进一根大树枝任由它纵情蹦跳，那么养松鼠便几乎是一种残忍的行为，因为它的天性就是需要自由自在。此外，还应当在鼠笼旁边加盖一间小偏房，里面放上一个转轮。如果你家的所有来客在鼠笼前都特别安静而有礼，而且给松鼠吃它爱吃的食物（如坚果、橡子、谷物、煮熟的凉土豆、没有涂奶油的光面包，以及偶尔加一点煮熟的肉），那么你还有驯服它的机会。有一本小册子名叫《比利与汉斯》，作者是W. J.斯蒂尔曼先生，这本书中就对怎样做才能驯服松鼠有一些精辟的论述。

老鼠

老鼠应当有一个隔成两间的笼子，其中一间应当有一个木制的门，但没有电线网。在这间屋子里，应当有一张铺好干草的床。老鼠的天然食品是谷粒，但处在被关状态时，人们一般会喂它们吃面包、牛奶和苹果片。老鼠只能在很小的程度上被驯化，总体来说，虽然人类为它们发明了各种训练课程，它们在这些训练之下也可能有所作为，但多数老鼠不过是能站在转动的轮子上行走而已。睡鼠（在这种老鼠的食物清单中，你还要加上坚果）在冬天的数月时间里都会睡觉，因此在一年的大部分时间里它都没什么意思。

海龟

海龟虽然不会给你带来多大回报，但它是一种相当有趣的动物。即使在夏天，它们也会莫名其妙地集体消失数个星期，当然了，在冬天，你就更不会见到它们了。在雨后的路边，你经常可以看到普通的淡水龟在缓慢地沿着大路行走。你可以将它的身子翻过来，背部朝下地将它带回家，但要小心地让你的手指远离它锋利的嘴巴。一般来说，海龟可以自己吃东西，而且它们也有很长时间一点东西也不吃的诀窍。所以，即使是那样，你也不用过分着急。

鱼

金鱼并非罕见，不过似乎很少有人在乎其他种类的鱼。小水族馆可以养护为数不多的鱼，而且养鱼也很有意思。例如，用小鱼缸养年龄很小的鳊鱼，就可以保存很长时间，而且它们始终会是一道亮丽的风景。在鱼缸里装一点隐秘的假山和水草丛，使鱼有藏身之处，然后再隔着鱼缸观察更小的鱼儿嬉戏打闹。小鲑鱼样子还算好看，而且很容易保持身体健康，不过大多数人并不这么认为。养鱼时，重要的是保持鱼缸里水的流动性。传统的方法是将溢出的水经由一根放在鱼缸中央的管子再让其流回到鱼缸里，但是对这种方法改进之后，就改成了在鱼缸底部开一道槽让水流出，然后在鱼缸顶部再将水注入。小河鲈样子也很好看，丁鲷、雅罗鱼和欧鲤等等鱼类，也都非常健壮。喂食它们一点也不难。你买鱼的商店会长期向你提供合适的鱼食。美国鲶鱼长有古怪的胡须或叫触须，眼睛闪闪发光，就像经过宝石商的雕琢一样，由此倍显神奇，但却一点也不难养。常见的小银鱼可以随便从溪流中抓到，你可以把它们放进一个罐子里，这种鱼会带你走进一个新世界：在这个世界里，它们在水中前行时悄无声息，但动作却敏捷异常，同时，它们的呼吸方式也会让你啧啧称奇。

蚕

如果你喜欢养蚕，一定要认真对待它们，并且让其物尽其用。蚕卵可以从随便哪位博物学家那里购买，或者你认识的某个养蚕人可以给你一些。养蚕开始的时间在4月底左右。通常将它们放在纸片上，然后放到盖有纱网的薄纸或纸板上，再放到一间能够晒到阳光的屋子里。当蚕虫长出来的时候，你就要将它们移到另一个托盘里（最好用一把小漆刷来搬它们），并一直为它们提供新鲜的桑叶或莴苣。蚕虫会一直长1个月左右，等到长成时，就要准备吐丝了。吐丝的时间可以通过观察来知晓，因为此时它们会拒绝吃东西。这时候，你必须为每个蚕准备一个大约2英寸深的小纸桶，然后将蚕放进去。之后数周时间里，你几乎无事可做（除了定期看看蚕之外），而在这段时间里，蚕茧逐渐长成，蚕也变成了蛹。当茧里的蚕蛹发出“沙沙”的响声时，缠蚕丝的时机也就来临了；若错过了这一时机，蛾虫就会很快出现，并吃掉它们。茧的外壳没什么用处，将蚕茧放在温水里，它的外壳就去掉了。外壳一去掉，蚕丝就会缠到纸片上。之后不久，蛾虫就会出现，而在长到不能再长的时候，它便产下蚕卵（一般为200个左右），然后死去。必须记住的是，关于养蚕，真正要说的其实不多，不过有一条至关重要，就是你必须不停地关注它们，一刻也不能忽视。

其他毛虫

蚕的用处很大，但并不比其他可以用卵孵化的毛虫更有意思。例如，女贞天蛾就非常好养，而且在它羽翼长全的时候也非常好看。不过，要想进一步了解这方面的知识，你必须多看一些科技类的图书。

鸽子

鸽子并不是严格意义上的宠物，因为它们几乎从不像小鸡那样，因为需要吃的东西而来找你，但是它们的确是美丽的动物，乡村的屋顶如果缺少了它们，可谓不完整，而鸽房则是既好看又朴实的点缀。然而在一般情况下，这种鸟儿最好生活在阁楼上。无论它们的家是什么样子，都要为每对鸽子准备独立的房间，而且房间里也要保暖。如果用阁楼来养鸽，地板上应当铺有沙子或沙砾，再铺上一点石灰，以帮助鸽蛋脱壳。鸽子的住处应当保持干净整洁，你作为它的主人，还要时刻警惕猫和老鼠的袭击。鸽子吃豌豆、专门喂鸽的豆类以及大多数谷粒。如果让它们自由飞翔，它们便会自己寻找其他食物，比如青菜。但是，如果你始终将它们关在家里，就要给它们提供一些食物。要在固定的位置始终放上一盘水。新养的鸽子应当先关起来，让它们在自己的屋子里待上两个星期，然后再给予它们自由，否则它们就会飞走。它们并不在乎你是否在笼子里铺上了干草或麦秆，但是当它们需要一个巢的时候，你要按照它们的需要建一个。鸽子有很多种，其中最常见的可能是矮鸽，而最好看的则是白色的扇尾鸽。任何养鸽子的人如果不是单纯为了养一两只鸽子图个乐趣，都应当认真了解相关知识。

斑鸠

斑鸠成双成对的时候最为快乐，它们需要的食物和鸽子差不多。一般来说，要把它们放在柳条笼里养，但养斑鸠并没有太多乐趣。

鹦鹉

鹦鹉是最好打交道的动物，是仅次于狗的最有意思也最聪明的宠物。它们总是快快乐乐的，不停地吹口哨，唱歌，说话。灰鹦鹉最擅长说话，而且与其他鹦鹉相比，它说话也最有特点，但是绿色小鹦鹉一般来说更加有趣，性格也要好得多。这些鸟儿长得都很好看，拥有亮绿色的羽毛、红黄相间的印记，前额上还长有一块蓝色的斑块。鹦鹉最喜欢吃的是鹦鹉专用的食品，可以一次让它吃个够。除了坚果、水果和一点点糖，不应允许它们再享用别的美食。到了夏天，每天早上可以用一根软管子给鹦鹉浇一遍水，但到了冬天，只有当它想要洗澡时（此时它会努力往水盆里跳）才这样做。在语言能力方面，鹦鹉更容易学会无意中听到的话，而不是你准备好教它说的话。通过同样的方式，它们还能熟记几首口哨曲。一旦遭受危险，它们会啄任何靠近它们的东西。养鹦鹉很重要的一点是，鹦鹉的笼子要用一块厚毛毡盖住。

更小的笼中鸟

在提及你能够饲养的不同的鸟类之前，我要先说几句关于怎么照料它们的话。你需要记住的是，就像养各种其他的宠物一样，养鸟最重要的一点仍然是要绝对地保持干净。笼子最好用木制的，带有未上漆的丝网。而鸟儿住的地方应当厚度各异，如果养的鸟儿大小都差不多，那么最好在它们的脚上捆一个标记用以识别。每周至少用加有苏打水的热水将鸟儿住的地方和笼子的底盘清洗一次，但在将鸟儿放回笼里之前，必须先将擦洗过的物件完全晾干。因此，如果有条件，最好为鸟儿准备两套住所并交替使用。在笼子的底盘上，应当撒上厚厚一层红色的沙子或碎石，偶尔还要再在上面撒一点罂粟籽。

洗浴

所有的鸟儿都需要洗澡。它们最喜欢浅底的玻璃器皿，你可以在更换食物托盘的时候将其放进去。在笼子的地板上铺上饼干盒的锡制外盖是个好主意，因为这样就可以防止鸟儿在洗澡时将木制部分弄湿了。在照看各种鸟儿时，还有些规矩是通用的：例如千万不要将它们放在有风吹的地方，但也不要始终放在非常暖和的地方。晚上要用一块白布盖住鸟笼，冷天则要给鸟儿裹上一条围巾。

食物

对以种子为食的鸟儿，如果给它喂一点金丝雀吃的种子和一点夏天的小油菜，则效果最佳，还要不时给它喂食一点大麻种、哈兹山面包、千里光或者洗干净的水芹。如果它们显得无精打采，蹲在那里缩成一团，在它们的饮用水里加一滴白兰地一般会管用。如果它们表现出哮喘的症状，可以试着让它们吃一点煮老了且切碎了的鸡蛋，拌上一点辣椒粉，并在水里加上一点藏红花或一根生锈了的钉子。当鸟儿脱毛时，吃这些东西也有好处。对于那些吃虫的鸟，就要给它买一点长在谷物里的幼虫和蚁卵，而画眉和黑鸟还要吃蚯蚓。

把戏

有些鸟儿很容易就会学会把戏。我们想起有一只朱顶雀，它会用一个小桶从笼子里的“水井”往上打水。不过，如果你也想教自已养的鸟儿这样做，就必须在一旁小心地看护着，以防止绳子绞在一起，使桶够不到水，那样的话，你的宠物就会渴得要命而没有水喝了。那只朱顶雀还学会了将装种子的盒子沿着一块倾斜的木板往上拖。如果你将种子盒越放越远，它就必须用绳子将它一点点拉近，以便吃到食物。训练小鸟的时候，最好多花点时间，并且用各种各样它们最喜欢吃的美食诱惑它们（例如豆瓣菜、千里光、卷耳或大麻籽等等）。或者你就先让它挨饿，但是那样它就懒得为了吃到东西而尽心尽力了；而这样做也意味着对鸟儿有点残忍，是不明智的做法。

金丝雀

最受人欢迎的笼中鸟是金丝雀。尽管它是一种外来的鸟儿，但与其他鸟儿相比，它在美国繁殖的数量却是最多的，而且现在还在这里繁衍着后代。在购买金丝雀的时候，购买者应该先很好地了解了这种鸟儿的习性，以防被骗。因此，你若想买一只金丝雀，也要找到合适的卖主。

金丝雀的养护必须十分小心。它们不能忍受过多的空气。尤其要注意的是，笼子不能挂在通风处，而且笼子也要足够大，以便鸟儿住得舒服。夜幕降临时，最好将笼子从灯光明亮、人声嘈杂的房间拿出来，放到某个相对黑暗和安静的地方，因为烧燃气的屋子中的气体对它没有好处。而如果鸟笼不方便移动，就将它放到一个比火炉高度更低的位置，并用一块厚布盖上笼子。到了白天，笼子应当尽量挂在有阳光的地方，不过，如果阳光过于强烈，就要给它盖上一块绿色的纱罩，以便为鸟儿提供一点保护。如果鸟儿的歌声太过响亮（有时候会出现这种情况），可以往笼子上扔一块手帕以阻止它，不过这样做似乎也不太人道。

你要不时地在笼子的栏杆之间放一块糖，或者放一根千里光或豆瓣菜的嫩枝。不过给它们蛋糕，那可并不是真正的爱护。

金丝雀在褪毛时，需要比平时更多的爱护（其他鸟儿也是一样）。此时，要为它们提供更丰富的食物，比如剁得很碎的鸡蛋，并且在其喝的水里放一点藏红花。有一种叫作小红虫的昆虫经常会袭击金丝雀。不管怎么说，金丝雀都不应当惹上这样的麻烦（事实上它们也经常躲过去了），但这种遭到袭击的事还是偶有发生。如果金丝雀情绪萎靡，而你又找不到其他的原因，就把它抓住，看看其胸部和翅膀下部羽毛下面的皮肤。如果这些皮肤上有一些小红点，那就说明小红虫或许已经找到了鸟笼，你就要每天用白降汞粉末溶成浓度很稀的溶液（用一个小玻璃杯装满温水，放入约12粒小粉末），用这种溶液清洗鸟儿，并用同一种浓度较浓的溶液清洗鸟笼。如果鸟笼是木制的，就毁了它，不再使用。有时候，如果金丝雀的爪子显得太长，你还要将它们剪短些。

相思鸟

相思鸟几乎只吃黍或金丝雀吃的种子，而且喜欢主人在它们的笼子里铺上草垫。这种小鸟非常可爱伶俐，但其本性却十分桀骜不驯，如果你想驯服它们，就需要给它们很多抚爱和耐心。不过，一旦被你驯服，它们就会非常相信你，而且很好玩。

主红雀

最美丽的笼中鸟之一是红冠的主红雀。这种鸟儿不怎么挑食，既吃种子也吃昆虫，生命力强于金丝雀，吃的东西包括黍、一点大麻籽，偶尔也吃肉虫。主红雀要始终有一个很大的鸟笼，否则它的羽毛就会折断。它的歌声既动听又嘹亮。

梅花雀

梅花雀吃的东西包括黍粒、金莲花籽以及一点泡过的面包和松糕。

其他外来的鸟类

爪哇禾雀尽管能为你做的事情很少，但却是很聪明的动物。可能最有吸引力的外国小鸟要数红梅花雀了，它是一个体形小巧但却非常自信的小卫士。这些小鸟都可以和平共处，实际上，只要条件允许，你甚至应当为那些不唱歌的鸟儿准备一个大鸟笼，将它们都放在一起，而不是一个个分别养在小鸟笼里。这样，它们也会觉得更加开心。

花鸡

花鸡必须在每年春天重新学习歌唱本领，大概在两个星期左右的时间里，你都能听到它在非常婉转地吊嗓子。不过，一旦它对歌唱本领掌握得炉火纯青后，它的歌喉就会变得粗犷而尖厉，以至于在晴空丽日里，你经常不得不把它从客厅里赶出去。然而，它不能过多地暴露在阳光和大风之下，为了给它挡风、挡太阳，你可以用一块布将它的笼子盖住一半。花鸡是一种千万不要放在钟状笼子里养的鸟儿，因为它要不时地飞翔或吞吃昆虫。花鸡是活泼、勇敢而又非常快乐的好伙伴。

金翅雀

我们还记得有一只金翅雀非常温顺地停留在主人的手上吃种子。金翅雀也不能养在钟状的笼子里（那会让它们头晕眼花），而应当在笼子上方设置一个方形的平顶。它们可以头朝下地沿着平顶奔跑。这种鸟儿太活跃了，因此必须要给它们足够的活动空间。它们成天叽叽喳喳，快乐异常，而且它们全身的羽毛呈褐色、金色和鲜红色，十分好看。在一些工业比较落后的地方，金翅雀主要以杂草和蓟以及千里光、蒲公英为食，因此它们是农民的好朋友；但是，如果将它们关了起来，就要每天给它们喂食德国油菜以及几粒大麻籽，还要经常喂食萵苣、蓟的种子以及水果。

红腹灰雀

红腹灰雀长得很有特点，其头部为黑色，胸部为粉红色。没有哪种鸟有它那样聪明和多愁善感。如果你将它放在黑暗中，用口哨对着它反复吹一些简单的曲调，它也能学会跟着你吹出曲调；而且它也很快就能学会许多很诱惑人的小把戏。不久之后，你就能在它就餐的时候将其放出笼子了，这时，它会在盘子之间跳来跳去，偷吃一点美食。没有哪种鸟儿像它那样，喜欢坐在主人的肩膀上。不过遗憾的是，也没有几种鸟儿像它那样易受疾病的侵袭。红腹灰雀可能在这一分钟显得特别正常和健康，而到了下一分钟，你却会发现它躺在了笼子里的地上。红腹灰雀往往会由于暴饮暴食而死，所以你必须时刻小心。例如，它最喜欢吃大麻籽和苹果核，所以这些食物的提供要适量。油菜、粟、莴苣以及熟透的水果，都非常适合它吃。园丁是这种很固执的小鸟的天敌，因为它可能会在果树之间搞破坏。不过，它也会捕捉那些对植物生长有害的害虫，可以说，它所做的贡献可能要比它造成的危害大得多。

黄颊鸟

黄颊鸟（或叫黄锤）可以成为宠物，而且它会用口哨吹出最动听的小曲子。如果你有一只笼养的黄颊鸟，那么你要将它吃的种子先在凉水中泡上几个小时，然后再喂给它吃，此外，你要控制它不要吃太多煮得过熟的鸡蛋、肉虫、蚂蚁卵以及你给它抓的昆虫。你还要让它享有多洗澡的机会，而且洗澡时要有尽可能多的新鲜空气，但尽可能不要通风。

黑鸟

黑鸟在笼养时非常脆弱，它必须吃很多营养美味的食物，如面包、牛奶、煮熟的蔬菜、成熟的水果、昆虫和蜗牛。这种鸟儿非常易渴，因此需要大量饮水。

各种鸟儿都特别喜欢吃可可豆（虽然它们会飞到窗沿上寻找面包屑）。可可豆要剖成两半，并且在每一半上都在离边缘约1英寸处打一个小洞。之后，用一根结实的线穿过小洞，然后将其挂在一棵树的主枝上。食物的悬挂位置可以很高，而选择的主枝可以尽量离树干远一点，以免猫儿前来偷食。

这种鸟儿光顾榆树的次数比所有其他鸟儿都多，因为榆树粗糙的树皮里有许多害虫。不过，你在选择种榆树的时候，要尽量离窗户近一点。黑鸟会一天到晚啄着可可豆，而且很快就想换一颗新的。如果你家房子附近没有树，也可以在窗台外沿拴一根绳子，并在绳子的另一端系上几粒坚果。黑鸟很快就会找到可可豆并且前来觅食，而面包屑也可以放在窗台上以吸引它们前来。此外，如果你家有阳台，也可以将面包屑挂在阳台上，但要确保没有猫前来捣乱。厄尔夫人在她的《萨里公园百花香》一书中，详细介绍了为鸟儿在阳台或门厅里放置可可豆的方法。小块肥肉和可可豆的诱惑力不相上下。有些鸟还特别喜欢啃骨头，特别是那种带有很多肥肉又没有煮过的骨头。你可以将骨头挂在树上，或者只是放在窗台上。

知更鸟

在一般情况下，我们根本不会在家里养知更鸟。它们太温顺了，特别喜欢和人类在一起，以至于每天早上都会按时来到门前吃面包屑，而且从来都不会离我们太远。不过，如果你发现了一只受伤的知更鸟，或者在小鸟即将学会飞翔之前鸟巢被遗弃了（可能是由于雌鸟已经死于小猫之手），那么你就应当将它们收养在笼子里。被关起来之后，它们一般不会活跃很长时间，即使被关的环境不那么讨厌。将一只知更鸟养到它身强力壮，足以自由飞翔的时候，不失为大功一件。即使如此，仍然还有许多被驯化的知更鸟被养在笼子里。对它们来说，最好的食物是面包屑、揉碎的胡萝卜、蛋黄和松糕的混合物，而胡萝卜则可以使这样的混合物充分湿润。推荐大家每天让它们吃几只昆虫。知更鸟这种鸟非常爱斗嘴，以至于你不可能将两个它们的同类放在同一间鸟舍里，甚至无法让一只知更鸟和比它柔弱的鸟儿放在一起。或者对待宠物知更鸟的最佳方式，就是让它在冬天里满屋子飞翔。它们会在春天的某一天里集体飞走，不过，只要它还活着，就几乎肯定会在严冬到来时再次返回。

花园里的知更鸟

花园里的知更鸟好看、大胆、歌喉美妙且对人极为友善（虽然在鸟类当中它们傲慢而自私），以至于你乐于听任它们那样。由于鼓励野鸟的唯一方式就是给它们喂吃的，因此，我们必须试着为它们提供它们最想要的东西。知更鸟只要有面包屑可吃，就非常满足了。当它们无食可吃的时候，也会吃面包片，但相比之下，它们更喜欢面包屑，而且不能太干。作为特别的礼遇，它们喜欢吃咸肥肉甚于其他一切，当然，是煮过的而不是煎炸的咸肉。咸肉必须弄成小粒，而面包也要揉成碎片，因为知更鸟吃东西时非常认真而优雅。在一年四季中，知更鸟都喜欢吃面包屑，不过在秋天，它们能够很好地照顾自己。

每只知更鸟都有自己专门的领地，不容任何其他知更鸟侵犯。前往窗台寻找食物的知更鸟，通常只属于该房间位于窗户这一侧而不是其他一侧的范围。这意味着在花园的不同区域，还有其他知更鸟，而你必须在它们的特殊位置为其喂食。你将会很快找到这些知更鸟属于哪个区域，甚至在并没有被它们的歌声引导的情况下也能顺利找到。知更鸟喜欢自己的食物总是散布在同一个地方，或者在同一棵树下，最好还尽可能地在同一时间。之后，你会发现它们在那里张望着你，而如果你总是拿着同一个篮子（底部很浅的平底篮，可以在地上稳稳地站住），并将篮子放在地上，然后走开几步观察，就会看到它们很快会蹦蹦跳跳地跑过来。几天之后，当你将篮子拿在手上的时候，它们也可能温顺得足以前来找篮子里的食物了。只不过你必须在开始时要有点耐心，要静静地拿着篮子。当然，你不能早早地就将食物撒在地上。

花园里的鸟儿

这里指的是花园里其他那些我们不愿意放在笼子里养，但又要尽可能地善待它们的鸟。冬天里，如果有霜冻，给它们喂食就变得尤为必要，但无论何时，最好都要让它们知道你不是敌人（它们的敌人太多了），而是它们的朋友。下面这番话加上前文喂食知更鸟的有关介绍，都适用于本书中提及的其他在花园里出现的小鸟：

“鸟儿们会一年到头为一浅盘水而感激不尽，因为它们不仅可以用来喝，还可以用来洗浴。而蜜蜂也喜欢前来喝一点水，这是由于它们也是很易渴的生物。一个小圆边的黄色陶瓷盘，可供画眉和黑鸟很好地喝水，不过，最好也要放一个更小些的盘子，例如普通的浅底馅饼盘，供知更鸟和其他小鸟饮水。这些水应每天加两次至加满，至少在夏天应该做到。你可以将这些盘子放在草地里或小路上，在那里，你可以看到它们从房子里惬意地走过来，不过也不会离你太近，因为黑鸟这种鸟儿相当害羞，而且遗憾的是，水喝得太多对它们来说也是有害的。

“鸟儿在整个春天都喜欢吃点东西，无论是雌鸟待在巢里，雄鸟为全家觅食，还是有雏鸟正在孵化，马上又有许多小嘴需要吃东西。同样，在夏天，如果天气反常，又湿又冷，或者异常炎热和干燥，食物稀缺，那么年轻力壮的鸟儿也很乐意为全家人准备饭菜。但是到了冬天，喂鸟就是我们应尽的义务了，因此我们要记住的是：当地面被白雪覆盖或者霜冻严重的时候，鸟儿吃不到东西，因此，在所有浆果都不再存在的时候，它们若得不到食物援助，就只能挨饿。

“几乎每个家庭都有足够的食物废料，只要认真收集，足以保证每天让鸟儿美餐一顿。当然，面包是主食，不过，它们对任何其他食物都毫不挑剔，哪怕这些食物微不足道。一点点板油、油滴、肥肉末、鱼，以及干酪的外皮等等，全部混合在一起，也是对鸟儿的礼遇。切碎的食物应当与面包屑充分混合，否则难以保证所有的小鸟都能享用同等数量的美食。面包皮或又硬又干的面包屑，都可以加热后做成面包片（尽管野生的小鸟不像小鸡那样喜欢吃热的食物），如果再加上一点油滴或肥肉放在其中泡一泡，那对它们来说就更好吃了。如果面包供应短缺，鸟儿也愿意吃小鸡吃的米粒。米粒应当是比较粗糙的那种，带有褐色的壳或皮，在大多数玉米加工商那里都能买到。不过，除非出现漫长而严重的霜冻，否则并不一定非得做这些事。八哥特别喜欢吃骨头，如果有什么骨头做成了汤，而且狗也不愿吃，就可以把它放在地上等八哥们吃，那会被它们看成是一种莫大的荣耀。它们会围着汤盘叽叽喳喳地快乐地叫个不停，哪怕在阴沉沉的冬日也是如此。它们还喜欢吃火腿的外皮或咸肉片，不过都是在煮熟之后。这些东西可以完整地扔给它们吃，而无需切成很小的薄片。它们也同样喜欢吃干炸鲟鱼的骨头以及人们吃剩下的鱼皮。

“对那些胆子比较大的鸟儿如知更鸟来说，你最好将一些食物放在窗沿上，以及房子附近的小路或草地上。但不要忘记还有一些比较胆小的鸟儿，所以你也要在花园的其他地方零星地放上一些。

“当然，麻雀也和所有其他鸟儿一样，有吃食物的权利。不过，我们很难见到麻雀每天早上都吃掉超出自己所需的食物，而那些胆子较小、面子较薄的鸟儿（它们也对人类唱歌）却什么也吃不到的情景。尽管菲尔·罗宾逊先生在他的《花园、果园与灌木丛》一书中的《饥荒就是我的花园》一章中建议我们将一些麦片和面包屑混在一起，放在屋外的某一边，以便让麻雀独占这些美食，却在别的地方喂食其他鸟儿，但实际上，对麻雀这样防范是没有必要的。不过，麻雀也有办法在很短的时间内来到屋外的四周。此外，如果你每天喂食麻雀，而且尽可能地保持在同一个时间点上（它们喜欢这样的饮食规律，最好将时间选在你刚刚吃完早餐之后），你将会发现它们会提防着你，而且会想方设法多享用一点食物，而不会顾及其他麻雀能吃到多少。在严重霜冻的情况下，它们会希望吃到第二顿，不过时间不能晚于下午两点，因为鸟儿在严冬里睡眠的时间非常早，而这些食物如果放到第二天早上再吃，对它们来说，又会由于冰冻而变得太硬。

“再多说一句。鸟儿在忙于进食时，要冒着被猫逮住的极度危险，尤其是当它们在矮树丛附近的时候。你对此加以防范的唯一办法，就是让你的猫待在室内，从而使它无法主动对鸟儿发动攻击。”